现代企业管理系列教材同步综合练习

中小企业战略管理
同步综合练习

主　编　彭璧玉
副主编　王　忠　罗双发

科学出版社
北　京

内 容 简 介

本书是为了配套现代企业管理专业系列教材《中小企业战略管理》而编写的教学练习册。编写的目的是为了帮助读者总结和巩固中小企业战略管理的课程知识，提高读者的应试能力。全书依据中小企业战略管理考试大纲、按最新体例分章节进行编写，并编写多套全真模拟演练题，便于读者自测知识掌握情况，更加扎实地掌握学习内容。

本书可作为广东省高等教育自学考试“中小企业战略管理”配套用书，也可作为普通高等院校经济管理类学生的学习参考书。

图书在版编目(CIP)数据

中小企业战略管理同步综合练习 / 彭璧玉主编．—北京：科学出版社，2014.6

现代企业管理系列教材同步综合练习

ISBN 978-7-03-041314-7

Ⅰ.①中… Ⅱ.①彭… Ⅲ.①中小企业-战略管理-习题集 Ⅳ.①F276.3-44

中国版本图书馆 CIP 数据核字（2014）第 143950 号

责任编辑：张 宁 / 责任校对：钟 洋

责任印制：张 伟 / 封面设计：蓝正设计

科学出版社 出版

北京东黄城根北街 16 号

邮政编码：100717

http://www.sciencep.com

北京捷迅佳彩印刷有限公司 印刷

科学出版社发行 各地新华书店经销

*

2014 年 7 月第 一 版 开本：787×1092 1/16

2024 年 2 月第七次印刷 印张：13 1/4

字数：259 000

定价：38.00 元

（如有印装质量问题，我社负责调换）

编写说明

本书是为了配套现代企业管理专业系列教材《中小企业战略管理》而编写的教学练习册。中小企业战略管理（课程代码05171）作为广东省高等教育自学考试现代企业管理（本科）专业必考的专业课，是为了培养和检验自学应考者的中小企业战略管理的基本理论、基本知识和基本技能而设置的一门基础课。本门课程所使用的教材为彭璧玉主编，科学出版社2011年6月出版的《中小企业战略管理》。

编写依据：

1. 广东省高等教育自学考试指导委员会颁布的《中小企业战略管理自学考试大纲》；

2. 广东省高等教育自学考试指导委员会指定教材《中小企业战略管理》(科学出版社，彭璧玉主编)。

本书的特点：

1. 以考试大纲规定的考试内容、考核知识点和考核要求为线索，按最新体例分章节进行编写。每章均列有考核内容，并将每一章节可能出现的考核知识按考试题型编写练习题，以便考生扎实、准确地掌握本章内容。

2. 本书含多套全真模拟演练题，贴近全真试题，命题科学，解答准确，便于考生模拟考试、自测知识掌握情况。

书中难免有不足，恳请读者批评指正。

《中小企业战略管理》编写小组

2014年5月

目 录
Contents

第1章 中小企业战略管理导论

考核内容

通过本章的学习，应该掌握中小企业的概念、范围与条件，中小企业界定模式的含义，我国中小企业界定标准的演变轨迹及特点。了解企业战略管理的概念、特点和过程，中小企业战略体系的基本理论及特点。理解战略管理者的分类及其主要职责，中小企业实施战略管理的重要性。了解中小企业战略层次的划分，掌握中小企业阶段战略的选择与常见经营战略的含义。

一、中小企业界定标准

（一）中小企业的定义

中小企业是一个相对的概念，是指与所处行业的大企业相比人员规模、资产规模与经营规模都比较小的经济单位。

现阶段，各国普遍的模式一般从质和量两个方面对中小企业进行界定，质的指标主要包括企业的组织形式、融资方式及所处行业地位等。

目前，世界各国中小企业的界定标准，综合起来呈现出以下三个特点：（1）从业人数是世界各国界定中小企业普遍选用的标准；（2）很多国家在界定中小企业时，又对中小企业做进一步的规模细分；（3）各国中小企业的界定标准都有一定的灵活性，并非固定不变。

（二）我国中小企业的界定标准

1978 年，国家计划委员会发布《关于基本建设项目和大中型企业划分标准的规定》，把划分企业规模的标准改为“年综合生产能力”。

《中小企业标准暂行规定》是我国现阶段使用的中小企业的界定标准。

二、企业战略管理

（一）企业战略管理的特点

企业战略管理是使企业能够达到其战略目标的动态管理过程，是一门跨功能决策的艺术与科学。企业战略管理有明确的目的性，强调将直觉与分析结合起来进行决策，是一个全面的、全过程的管理，关心的是企业长期稳定的发展。

企业战略管理具有以下特点：（1）整体性；（2）长期性；（3）权威性；（4）环境适应性。

（二）企业战略管理的过程

1. 战略管理

战略管理主要是指战略制定和战略实施的过程。一般说来，战略管理包含四个关键要素：

战略分析——了解组织所处的环境和相对竞争地位；

战略选择——战略制定、评价和选择；

战略实施——采取措施发挥战略作用；

战略评价和调整——检验战略的有效性。

2. 战略分析

战略分析的主要目的是评价影响企业目前和今后发展的关键因素，并确定在战略选择步骤中的具体影响因素。战略分析的内容包括确定企业的使命和目标、外部环境分析和内部条件分析。

3. 战略调整

战略调整就是根据企业情况的发展变化，即参照实际的经营事实、变化的经营环境、新的思维和新的机会，及时对所制定的战略进行调整，以保证战略对企业经营管理进行指导的有效性。

三、中小企业战略管理

（一）中小企业实施战略管理的必要性

（1）开展战略管理是中小企业生存的需要。

（2）开展战略管理是中小企业发展的需要。

（3）开展战略管理是中小企业提高核心竞争力的要求。

（二）战略管理对中小企业的作用

（1）企业战略为企业提出了清晰的发展方向和途径，有利于企业的长期稳定发展；（2）企业经营战略可以提高企业的市场应变能力，使企业处于主动和优势地位；（3）企业经营战略增强了企业的竞争能力，有利于开拓国际和国内市场；（4）企业经营战略能够使企业不断创新，以适应市场变化。

（三）中小企业战略方针目标

战略目标是企业在一定的战略期内发展的总水平和总任务。确定战略目标要注意以下几点：（1）对象明确；（2）定量和定性相结合；（3）时间限定清晰，并且保证长期、中期、短期目标相互衔接协调。

（四）中小企业战略措施

战略措施也称战略手段，是为实现战略方针、目标而采取的长期性经营政策和策略。战略措施一般分为公司治理战略、行业选择战略、业务发展战略、产品开发战略和资产经营战略。

四、中小企业阶段发展战略

（一）中小企业创业期发展战略

创业期的中小企业刚刚成立，规模小、实力弱、资金缺乏是其面临的主要问题，但其运行灵活，往往能凭借技术或单一产品打开市场。这个时期的中小企业主要应采用资源战略、依附战略和局部市场战略。

（二）中小企业成长期发展战略

中小企业在创业期赢得了一定的市场占有率，同时，形成了一定的资本积累，企业开始迈入成长阶段。处于这个阶段的中小企业应根据自身发展特点选用成长型战略及竞争型战略。

（三）中小企业成熟期发展战略

经历了成长期的充分发展，企业开始迈入成熟期。这个时期的中小企业在各方面的发展都比较充分，经营情况稳定，管理和组织结构更为完善，有稳定的市场占有率。此时的企业一般可采用名牌战略、多角化战略及国际化经营战略。

（四）中小企业衰退期发展战略

随着企业的发展，从成熟期开始过渡到衰退期，企业往往会出现内部官僚主义盛行，文化趋于保守、落后等现象。因此战略选择主要有三种方向：一是继续发展壮大为一个大型企业或企业集团，具体可选择一体化战略、联合战略及国际化战略；二是选择稳定型战略；三是选择紧缩型战略。

五、中小企业常用经营战略

特色经营战略是指企业选定一个较小的产品或服务领域，集中力量进入并处于领先地位，同时建立本企业的进入壁垒，从而取得高于同行业平均水平的收益，逐渐形成稳定的、持久的优势地位。

联合经营战略是指中小企业通过联合，从而有效利用有限的资金和技术力量，优势互补，克服单个企业无法克服的困难和危机，改变中小企业在竞争中的不利地位，取得规模经济效益。

自主创新战略是将高技术与中小企业的灵活性相结合而产生的战略。采用这种经营战略的中小企业由于所开发的技术或产品创新的不确定因素较多，所以在经营过程中的风险较大。

特许权经营是指大企业向中小企业提供其产品、服务或品牌在特定范围内的经营权，中小企业独立经营，但必须给予大企业一定比例的营业收入或利润作为特许费，中小企业在规定的区域内享有一定的垄断权利。

重点和难点

本章需要重点掌握的知识点有：(1) 企业战略管理的概念、种类和特点；(2) 实施战略管理的必要性及其作用；(3) 中小企业常用两大界定模式的含义与特点；(4) 我国中小企业界定标准的演化轨迹；(5) 中小企业战略体系的内容；(6) 中小企业阶段发展战略的选择与基本内容；(7) 中小企业常用经营战略的内容。

同步综合练习题

一、单项选择题

1. 各国普遍从质和量两个方面对中小企业进行界定，下列哪一个选项不属于质的指标(　　)。
   A. 组织形式　　B. 融资方式
   C. 所处行业地位　　D. 雇员人数
2. 各国普遍从质和量两个方面对中小企业进行界定，下列哪一个选项不属于量的指标(　　)。
   A. 组织形式　　B. 雇员人数　　C. 实收资本　　D. 资产总值
3. 国家计划委员会于 1978 发布将企业规模的划分标准改为“年综合生产能力”的法令是（　　）。
   A.《大中小型工业企业划分标准》
   B.《中小企业促进法》
   C.《国营企业第二步利改税试行办法》
   D.《关于基本建设项目的大中型企业划分标准的规定》
4. 下列哪一项不属于我国新中小企业界定标准的特点(　　)。
   A. 行业范围大幅缩小　　B. 行业范围更加细化
   C. 界定标准大量简化　　D. 主体角色转变，行政色彩削减
5. 根据我国新中小企业界定标准，在工业中，下列关于中小企业职工人数描述最准确的是(　　)。
   A. 职工人数 2000 人以下　　B. 职工人数 3000 人以下
   C. 职工人数 500 人以下　　D. 职工人数 800 人以下
6. 根据我国新中小企业界定标准，在住宿和餐饮业中，下列关于中小企业职工人数描述最准确的是(　　)。
   A. 职工人数 2000 人以下　　B. 职工人数 3000 人以下
   C. 职工人数 500 人以下　　D. 职工人数 800 人以下
7. 根据我国新中小企业界定标准，在批发业中，下列关于中小企业职工人数描述最准确的是(　　)。
   A. 职工人数 2000 人以下　　B. 职工人数 3000 人以下
   C. 职工人数 500 人以下　　D. 职工人数 800 人以下
8. 下列哪一项法规是我国现阶段所使用的中小企业的界定标准(　　)。
   A.《中小企业促进法》　　B.《中小企业划分标准》
   C.《大中小型工业企业划分标准》　　D.《中小企业标准暂行规定》
9. 企业战略管理的特点不包括(　　)。
   A. 整体性　　B. 长期性　　C. 稳定性　　D. 权威性
10. 有关战略管理过程，下列描述正确的是(　　)。
    A. 战略管理主要是指战略选择和战略制定的过程

B. 战略管理主要是指战略制定和战略实施的过程
C. 战略管理主要是指战略实施和战略分析的过程
D. 战略管理主要是指战略选择和战略分析的过程

11. 评价影响企业目前和今后发展的关键因素，并确定在战略选择步骤中的具体影响因素，是指(　　)。
A. 战略选择的主要目的　　B. 战略制定的主要目的
C. 战略实施的主要目的　　D. 战略分析的主要目的

12. 下列哪一个选项不属于战略分析中的外部环境分析(　　)。
A. 买方　　B. 供应方
C. 企业人员素质　　D. 潜在进入者

13. 战略选择阶段所要解决的问题是(　　)。
A. 企业目前状况　　B. 企业走向何处
C. 如何分配现有的资源　　D. 调整公司的目标体系

14. 当由于用多个指标对多个战略方案的评价产生不一致时，最终的战略选择可以考虑的方法不包括(　　)。
A. 聘请外部机构　　B. 根据企业目标选择战略
C. 召开员工大会投票表决　　D. 提交上级管理部门审批

15. 将战略执行过程中实际取得的成果与预期的战略目标进行比较，评价达标程度，分析其原因，及时采取有力措施纠正偏差，以保证战略目标的实现，是指(　　)。
A. 战略控制　B. 战略实施　C. 战略选择　D. 战略调整

16. 根据企业情况的发展变化，即参照实际的经营事实、变化的经营环境、新的思维和新的机会，及时对所制定的战略进行调整，以保证战略对企业经营管理进行指导的有效性，是指（　　）。
A. 战略控制　B. 战略实施　C. 战略选择　D. 战略调整

17. 在大多数企业中存在着两类管理者：一类是综合管理者，另一类是(　　)。
A. 战略制定者　　B. 职能型管理者
C. 专业型管理者　　D. 技术型管理者

18. 负责企业的总体绩效或其中某一独立的单位或部门的绩效，是指下列哪一类管理者(　　)。
A. 职能型管理者　　B. 专业型管理者
C. 战略制定者　　D. 技术型管理者

19. 公司层管理者不包括(　　)。
A. CEO　　B. 董事会
C. 职能经理　　D. 公司层职员

20. 在公司层管理者中，下列哪一项是综合管理者的核心(　　)。
A. CEO　　B. 董事会
C. 职能经理　　D. 公司层职员

21. 一个自足的事业部（具备各种职能，比如财务、采购、生产和营销部门），为某一特定的市场提供产品和服务，是指(　　)。

A. 行政单位　　B. 职能单位

C. 市场单位　　D. 业务单位

22. 负责组织公司或事业部的具体业务的职能或运营，且通常局限于某一具体的组织活动，是指(　　)。

A. CEO　　B. 董事会

C. 职能经理　　D. 公司层职员

23. 下列关于中小企业实施战略管理的必要性描述，不正确的是(　　)。

A. 开展战略管理是中小企业发展的需要

B. 开展战略管理是中小企业生存的需要

C. 开展战略管理是中小企业升级为大型企业的要求

D. 开展战略管理是中小企业提高核心竞争力的要求

24. 下列哪一个选项不属于企业战略体系的内容(　　)。

A. 战略实施　　B. 战略措施

C. 战略指导思想　　D. 战略方针指标

25. 企业在一定的战略期内发展的总水平和总任务，且其决定了企业在该战略期间总体发展的主要行动方向，成为企业战略的核心，是指(　　)。

A. 战略思想　　B. 战略目标

C. 战略措施　　D. 战略规划

26. 下列哪一个选项不属于战略措施的类型(　　)。

A. 产品开发战略　　B. 公司治理战略

C. 业务经营战略　　D. 行业选择战略

27. 总体战略是相对于企业全局的长远性谋划，是由哪一公司管理层制定和组织实施的(　　)。

A. 董事会　　B. 股东大会

C. 行政总监　　D. 公司最高管理层

28. 创业期中小企业的发展战略不包括(　　)。

A. 资源战略　　B. 依附战略

C. 名牌战略　　D. 局部市场战略

29. 成长期中小企业的发展战略包括(　　)。

A. 成长型战略和竞争型战略　　B. 竞争型战略和一体化战略

C. 一体化战略和稳定型战略　　D. 稳定型战略和成长型战略

30. 成熟期中小企业的发展战略不包括(　　)。

A. 一体化战略　　B. 名牌战略

C. 国际化经营战略　　D. 局部市场战略

31. 衰退期中小企业的发展战略包括(　　)。

A. 稳定型战略和竞争型战略　　B. 竞争型战略和局部型战略

C. 局部型战略和紧缩型战略　　D. 紧缩型战略和稳定型战略

32. 根据中小企业规模小、资源有限等特点而制定的一种战略，是指(　　)。

A. 特色经营战略　　B. 联合经营战略
C. 专一经营战略　　D. 特许权经营战略

33. 根据中小企业经营范围狭窄，比较容易接近顾客而制定的一种经营战略，是指(　　)。
A. 特色经营战略　　B. 联合经营战略
C. 专一经营战略　　D. 特许权经营战略

34. 根据单个的中小企业资金缺乏、生产技术水平较低，难以形成规模效益但具有相对优势和核心竞争力特点而制定的一种经营战略，是指(　　)。
A. 特色经营战略　　B. 联合经营战略
C. 专一经营战略　　D. 特许权经营战略

35. 将高技术与中小企业的灵活性相结合而产生的战略，但其在经营风险中较大，是指(　　)。
A. 特色经营战略　　B. 自主创新战略
C. 专一经营战略　　D. 特许权经营战略

36. 大企业向中小企业提供其产品、服务或品牌在特定范围内的经营权，中小企业独立经营中小企业在规定的区域内享有一定的垄断权利，是指(　　)。
A. 特色经营战略　　B. 联合经营战略
C. 专一经营战略　　D. 特许权经营战略

二、多项选择题

1. 各国普遍从质和量两个方面对中小企业进行界定，下列哪些选项属于质的指标(　　)。
A. 实收资本　　B. 行业地位　　C. 融资方式　　D. 资产总值
E. 组织形式

2. 各国普遍从质和量两个方面对中小企业进行界定，下列哪些选项属于量的指标(　　)。
A. 实收资本　　B. 雇员人数　　C. 融资方式　　D. 资产总值
E. 组织形式

3. 我国新的中小企业分类标准主要呈现出下列哪些特点(　　)。
A. 分类体系不断完善　　B. 行业范围大幅缩小
C. 界定标准大量简化　　D. 使用经典的传统计量标准
E. 主体角色转变，行政色彩削减

4. 根据《中小企业标准暂行规定》，哪些行业中职工人数 3000 人以下属于中小企业(　　)。
A. 工业　　B. 建筑业
C. 批发和零售业　　D. 交通运输业
E. 住宿和餐饮业

5. 下列哪些选项属于企业战略管理的要点(　　)。
A. 有明确的目的性　　B. 能够帮助企业实现转型

C. 关心企业长期稳定的发展　　　　D. 全面的、全过程的管理

E. 强调将直觉与分析结合起来进行决策

6. 下列哪些选项属于企业战略管理的特点(　　)。

A. 权威性　　B. 稳定性　　C. 长期性　　D. 整体性

E. 环境适应性

7. 下列关于企业战略管理的作用表述正确的是(　　)。

A. 强化战略的实施　　　　B. 重视战略的评价与更新

C. 加深对经营环境的研究　　　　D. 将近期目标与长远目标相结合

E. 将日常的经营与计划控制相结合

8. 战略管理的过程主要包括(　　)。

A. 战略分析　　B. 战略制定　　C. 战略选择　　D. 战略实施

E. 战略评价和调整

9. 战略分析包括下列哪些主要方面(　　)。

A. 外部环境分析　　　　B. 内部条件分析

C. 边际效益分析　　　　D. 成本收益分析

E. 确定企业的使命和目标

10. 战略选择的具体步骤包括(　　)。

A. 外部环境分析　　　　B. 内部条件分析

C. 制订战略选择方案　　　　D. 评估战略备选方案

E. 选择战略

11. 当用多个指标对多个战略方案的评价产生不一致时，最终的战略选择(　　)。

A. 聘请外部机构　　　　B. 由股东大会进行表决

C. 公司最高领导层批示　　　　D. 根据企业目标选择战略

E. 提交上级管理部门审批

12. 战略调整就是根据企业情况的发展变化调整(　　)。

A. 公司战略　　　　B. 公司战略执行

C. 公司战略展望　　　　D. 公司目标体系

E. 公司长期发展方向

13. 职能型管理者对某一具体职能负责，其中包括以下哪些工作(　　)。

A. 财务　　B. 营销　　C. 研发　　D. 信息技术

E. 物料管理

14. 公司层管理者包括(　　)。

A. CEO　　B. 董事会　　C. 职能经理　　D. 公司层职员

E. 其他高级经理

15. 下列哪些选项属于职能型管理者负责的职能或运营(　　)。

A. 财务　　B. 采购　　C. 人力资源　　D. 产品开发

E. 客户服务

16. 下列关于中小企业实施战略管理的必要性表述正确的是(　　)。

A. 开展战略管理是中小企业生存的需要

B. 开展战略管理是中小企业发展的需要

C. 开展战略管理是中小企业转型的需要

D. 开展战略管理是中小企业提高核心竞争力的要求

E. 开展战略管理是中小企业升级为大型企业的要求

17. 企业战略体系的内容包括(　　)。

A. 战略规划　B. 战略措施　C. 战略实施　D. 战略指导思想

E. 战略方针指标

18. 确定战略目标应该注意(　　)。

A. 目标明确　B. 对象明确　C. 时间限定清晰　D. 指导思想明确

E. 定量和定性相结合

19. 战略措施一般可以分为(　　)。

A. 产品开发战略　B. 业务发展战略

C. 行业选择战略　D. 资产经营战略

E. 公司治理战略

20. 在战略措施中，下列哪些选项属于公司治理战略的内容(　　)。

A. 吸引社会投资，完善公司治理结构

B. 多方面吸纳英才，凭借文化冲击完善企业文化

C. 开发经营与品牌经营相结合，开拓更大的市场

D. 以某一行业为核心，在其细分行业有重点地选择拓展

E. 继续丰富公司成熟经验，从制度上提升企业核心竞争力

21. 在战略措施中，下列哪些选项属于行业选择战略的内容(　　)。

A. 以产品开发为纽带，搭建产业延伸平台

B. 调整行业分布，剥离事务型、增值低的业务

C. 利用分工、外包等方式，改变行业经营模式

D. 以某一行业为核心，在其细分行业有重点地选择拓展

E. 实施品牌优先战略，努力实现品牌长效与开发短效的统一

22. 在战略措施中，下列哪些选项属于业务发展战略的内容(　　)。

A. 开发经营与品牌经营相结合，开拓更大的市场

B. 实施品牌经营，将有形开发作为无形资产的载体

C. 以某一行业为核心，在其细分行业有重点地选择拓展

D. 继续丰富公司成熟经验，从制度上提升企业核心竞争力

E. 实施品牌优先战略，努力实现品牌长效与开发短效的统一

23. 在战略措施中，下列哪些选项属于产品开发战略的内容(　　)。

A. 强化产品特色，提高品牌识别度

B. 着力打造精品工程，改变开发模式

C. 以产品开发为纽带，搭建产业延伸平台

D. 多方面吸纳英才，凭借文化冲击完善企业文化

E. 实施品牌经营，将有形开发作为无形资产的载体

24. 下列哪些选项是制定公司战略规划的步骤(　　)。

A. 制定目标　　B. 制定实施战略的措施
C. 战略环境的分析和预测　　D. 制订行动计划和划分阶段
E. 确定战略执行过程中的重点

25. 下列哪些选项是中小企业的战略层次(　　)。
A. 分战略　B. 高层战略　C. 总体战略　D. 底层战略
E. 中层战略

26. 中小企业创业期的发展战略包括(　　)。
A. 资源战略　B. 依附战略　C. 竞争型战略　D. 一体化战略
E. 局部市场战略

27. 中小企业成长期的发展战略包括(　　)。
A. 名牌战略　B. 依附战略　C. 竞争型战略　D. 成长型战略
E. 一体化战略

28. 中小企业成熟期的发展战略包括(　　)。
A. 名牌战略　B. 依附战略　C. 竞争型战略　D. 一体化战略
E. 国际化经营战略

29. 中小企业衰退期的发展战略包括(　　)。
A. 依附战略　B. 稳定型战略　C. 紧缩型战略　D. 一体化战略
E. 国际化经营战略

30. 中小企业常用的经营战略包括(　　)。
A. 自主创新战略　　B. 专一经营战略
C. 特色经营战略　　D. 联合经营战略
E. 特许权经营战略

三、名词解释

中小企业　企业战略管理　战略控制　战略评价　战略调整　战略指导思想　战略目标　战略措施　战略规划　特许权经营

四、简答题

1. 试简述新的中小企业分类标准的主要特点。
2. 试简述企业战略管理的要点。
3. 试简述战略管理对中小企业的作用。
4. 试简述战略指导思想的主要内容。
5. 试简述中小企业战略管理的特点。

五、论述题

1. 试述中小企业实施战略管理的必要性。
2. 试述中小企业战略规划的主要目的和步骤。
3. 试述中小企业各阶段的发展战略及其特点。

六、案例分析

结合以下案例，说明战略对一个企业的重要性，并论述中小企业战略管理的必要性。

案例：改革开放以来，为应对来自政治、经济、技术创新等方面的挑战，某汽车集团公司及时调整战略计划，从单一的中型卡车生产，转变为根据市场需要开发出重型、中型、轻型卡车，实现了多品种、宽系列、全方位的产品系列格局；生产能力从年产 3 万辆，发展成为年产百万辆；企业组织结构从工厂体制过渡到公司体制；资本结构实现了从国有独资向多元化经营转变；市场覆盖面逐步扩大，开拓了东北、华北和西南三大产业基地，推动中国汽车行业的发展。目前，在新的形势下，该汽车集团公司仍在探索新的战略方针，力争在激烈的竞争中处于优势。

参考答案

一、单项选择题

1. D	2. A	3. D	4. B	5. A	6. D	7. C	8. D
9. C	10. B	11. D	12. C	13. B	14. C	15. A	16. D
17. B	18. C	19. C	20. A	21. D	22. C	23. C	24. A
25. B	26. C	27. D	28. C	29. A	30. D	31. D	32. C
33. A	34. B	35. B	36. D				

二、多项选择题

1. BCE	2. ABD	3. BCE	4. BD	5. ACDE
6. ACDE	7. ABCDE	8. ACDE	9. ABE	10. CDE
11. ADE	12. ABCDE	13. ABCDE	14. ABDE	15. BCDE
16. ABD	17. ABDE	18. BCE	19. ABCDE	20. ABE
21. BCD	22. ABE	23. ABC	24. ABCDE	25. AC
26. ABE	27. CD	28. ADE	29. BC	30. ABCDE

三、名词解释

中小企业：是一个相对的概念，是指与所处行业的大企业相比人员规模、资产规模与经营规模都比较小的经济单位。

企业战略管理：是使企业能够达到其战略目标的动态管理过程，是一门跨功能决策的艺术与科学，它是对企业战略的设计、选择、控制和实施，直至达到企业战略总目标的全过程。

战略控制：是将战略执行过程中实际取得的成果与预期的战略目标进行比较，评价达标程度，分析其原因，及时采取有力措施纠正偏差，以保证战略目标的实现。

战略评价：就是通过评价企业的经营业绩，审视战略的科学性和有效性。

战略调整：是指根据企业情况的发展变化，即参照实际的经营事实、变化的经营环境、新的思维和新的机会，及时对所制定的战略进行调整，以保证战略对企业经营管理进行指导的有效性。

战略指导思想：是企业或企业家对未来发展的一种见解或设想，是指导战略制定和执行的基本思想。

战略目标：是企业在一定的战略期内发展的总水平和总任务。它决定了企业在该战略期间总体发展的主要行动方向，成为企业战略的核心。

战略措施：也称战略手段，是为实现战略方针、目标而采取的长期性经营政策和策略。

战略规划：是指制定组织的长期目标并将其付诸实施，它是一个正式的过程和仪式。

特许权经营，是指大企业向中小企业提供其产品、服务或品牌在特定范围内的经营权，中小企业独立经营，但必须给予大企业一定比例的营业收入或利润作为特许费，中小企业在规定的区域内享有一定的垄断权利。

四、简答题

1. 新的中小企业分类标准的主要特点为：①行业范围大幅缩小；②界定标准大量简化；③认定标准的主体角色转变，行政色彩削减。

2. 企业战略管理的要点包括：①有明确的目的性；②是一个全面的、全过程的管理，关心的是企业长期稳定的发展；③强调将直觉与分析结合起来进行决策。

3. 战略管理对中小企业的作用为：①企业战略为企业提出了清晰的发展方向和途径，有利于企业的长期稳定发展；②企业经营战略可以提高企业的市场应变能力，使企业处于主动和优势地位；③企业经营战略增强了企业的竞争能力，有利于开拓国际和国内市场；④企业经营战略能够使企业不断创新，以适应市场变化。

4. 战略指导思想的主要内容为：①市场导向，需求驱动，尽力满足社会需求；②依靠品种、质量、成本取胜；③实现系统整体优化；④善于竞争，优胜劣汰；⑤长远观点，放眼未来；⑥以人为本，依靠全体职工。

5. 中小企业战略管理的特点包括：①战略管理的正式程度。中小企业战略管理实施的正式程度远远不如大企业及跨国公司；②战略管理的幅度与竞争战略。中小企业业务范围的战略性比大企业或跨国公司小，即战略管理的幅度较小；③战略管理的变化程度。中小企业的增长速度一般超出创建者的意料范围，其组织成长的过程一般会经历依靠创新成长、依靠指导成长、依靠授权成长、依靠协调成长、依靠合作成长五个阶段。

五、论述题

1. 答案要点：在目前企业的诸多管理活动中，战略管理具有最为重要的地位。对于当今中国的中小企业来说，战略管理更是具有特别重要的意义：①开展战略管理是中小企业生存的需要；②开展战略管理是中小企业发展的需要；③开展战略管理是中小企业提高核心竞争力的要求。

2. 答案要点：企业进行战略规划的主要目的：①剖析企业外部环境；②了解企业内部优势和劣势；③帮助企业迎接未来的挑战；④提供企业未来明确的目标及方向；④使企业每个成员明白企业的目标。

制定公司战略规划的步骤如下：①战略环境的分析和预测；②制定目标；③确定战略执行过程中的重点；④制订行动计划和划分阶段；⑤制定实施战略的措施。

3. 答案要点：①创业期：资源战略、依附战略、局部市场战略等。②成长期：成长型战略、竞争型战略等。③成熟期：名牌战略、一体化战略、国际化经营战略等。④衰退期：稳定型战略、紧缩型战略等。

六、案例分析

答案要点：(1) 企业战略管理的作用：①加深对经营环境的研究；②强化战略的实施；③将日常的经营与计划控制，近期目标与长远目标相结合；④重视战略的评价与更新。

(2) 中小企业战略管理的必要性：①开展战略管理是中小企业生存的需要；②开展战略管理是中小企业发展的需要；③开展战略管理是中小企业提高核心竞争力的要求。

第2章 中小企业创业战略

考核内容

通过本章的学习，应该掌握创业环境的基本要素，了解创业者的类型及应具备的基本素质；掌握市场调研的基本方法，了解行业评价的基本原则和方法；能比较分析创业企业常见的几种法律组织形式的特点及其优缺点；了解影响我国中小企业创业的主要因素，理解促进我国中小企业创业的政策措施和相关配套工作。

一、创业活动的基本要素

本章沿用了戴卫·格耶瓦里博士和丹尼尔·弗葛尔关于创业活动要素的分类，具体而言，创业活动包括以下几个要素：创业机会；创业意愿；创业技能。

二、创业环境要素

创业环境是在创业活动中发挥重要作用的要素组合，一方面指影响人们开展创业活动的所有政治、经济、社会文化诸要素；另一方面指获取创业帮助和支持的可能性。

创业环境归为四大类：政府政策、社会经济条件、教育与管理技能培养，以及金融与非金融支持。

三、企业创业者

（一）创业者的类型

生存型创业者：这类创业者大多为下岗工人、失去土地或因为种种原因不愿困守乡村的农民，以及刚刚毕业未找到工作的大学生。

变现型创业者：这类创业者一般是曾在事业单位掌握一定权力，或者在企业担当管理者期间聚拢了大量资源的人。

主动型创业者是指那些积极主动、自愿从事创业行为的人，又可以分为两种：一种是盲动型创业者，另一种是冷静型创业者。盲动型创业者大多极为自信，做事冲动。冷静型创业者是创业者中的精英，其特点是谋定而后动，不打无准备之仗，或是掌握资源，或是拥有技术，一旦行动，成功概率通常很高。

（二）创业者的素质

创业者的素质包括：健康与精力；自信；自我控制与约束；理性认识能力；沟通技巧与人际关系（沟通技巧与人际关系对创业的重要性）；计划与组织才能；用人之道；挑战风险，接受不确定性；性格成熟；创新能力与创造欲。

四、创业前的准备

（一）市场调研（主要方法）

1. 电话访问法
2. 入户访问法
3. 拦截访问法
4. 小组（焦点）座谈法
5. 深度访谈法

（二）行业选择

1. 创业时选择行业的基本原则

在准备创办企业前，选择进入什么行业非常重要，行业的选择决定了企业以后面对的市场前景。通常，在选择行业时可以遵循以下的原则：（1）符合社会经济发展趋势；（2）具有较强吸引力；（3）进入成本较低；（4）选择具有技术创新性和市场前景好的项目；（5）创业者在该行业具有资源优势。

2. 行业选择的定性分析

（1）行业特征性的分析；（2）行业获利性分析；（3）行业进入性分析；（4）创业者的资源分析。

3. 行业选择的定量方法

标准打分矩阵法：设定对选择行业有重要影响的因素，由专家或根据统计资料对每一个因素进行等级打分，如最好（3 分）、好（2 分）、一般（1 分），求出每一个因素对不同行业选择进行比较后的得分，选择得分较高的行业。

4. 经营方式选择

（1）代购代销，是指用合同的形式，受人委托代为收购、销售的一种商业活动。这种经营方式灵活、经营范围比较广泛，多为农副产品，需要有一定的经营场地，经营者从中收取一定的手续费。代购代销的经营者要有信誉。

（2）“三来”加工，即来料加工、来样加工、来件装配。

五、中小企业的组织形式

（一）中小企业法律形式

企业的法律形式有多种，主要包括个体工商户、个人独资企业、合伙企业、中外合资企业、中外合作企业、外商投资企业、国有独资企业、无限责任公司、有限责任公司、股份有限公司等。创业者新创办的企业一般都是小型企业，从工商部门的统计资料来看，个人独资企业、合伙企业、有限责任公司三种法律形式是我国当前创办企业最常见的企业法律形式。

1. 个人独资企业

个人独资企业是指依照《个人独资企业法》，在中国境内设立，由一个自然人投资，财产为投资人个人所有，投资人以其个人财产对企业债务承担无限责任的经营实体。

2. 合伙企业

合伙企业是指依照《中华人民共和国合伙企业法》在中国境内设立的，由各合伙人订立合伙协议，共同出资、合伙经营、共享收益、共担风险，并对合伙企业债务承担无限连带责任的营利性组织。理解合伙企业的主要特征。

3. 有限责任公司

有限责任公司是指股东以其出资额为限对公司承担责任，公司以其全部资产对公司的债务承担责任的法人企业。设立有限责任公司，除其名称应符合企业法人名称的一般性规定外，还必须在公司名称中标明“有限责任公司”或“有限公司”。理解有限责任公司的特点及注册有限责任公司应当具备的条件。

（二）各种企业组织形式的优劣势比较

1. 个人独资企业

优势：注册手续简单、决策自主、税赋负担较轻、注册资金规模不受限制。

劣势：信贷信誉低、无限责任、可持续性差、财务有限、缺乏企业管理。

2. 合伙企业

优势：注册手续简便，费用低；有限合伙承担有限责任，易吸引资金和人才；税收较低。

劣势：无限责任、易内耗、合伙人财产转让困难。

3. 有限责任公司

优势：设立程序简单、结构简单、股东人数有最高限制、有限公司的公示主义稍有缓和。

劣势：有限公司因采用有限责任制度具有人合公司特点，这使得公司股东可以利用此种方式从事个人的业务；有限公司不注重公示主义；有限公司的出资转让不像股份转让那样自由。

（三）选择企业组织形式应考虑的因素

（1）经营事业的定位；（2）经营事业的范围；（3）资金实力；（4）团队组成情况、经营计划、组成人员权力责任的承担、盈利模式和回收资金的周期等因素。

六、制约我国中小企业创业的因素

（一）制度因素

（1）创业行政管理有待改善；（2）创业政策有待完善；（3）风险投资机制不完善。

（二）社会因素

（1）创业氛围还不够浓厚；（2）创业服务有待加强；（3）创业教育还不够成熟。

（三）个人因素

（1）创业者的创业意识有待培养；（2）创业者的创业能力有待提高。

重点和难点

本章需要重点掌握的知识点有：（1）创业活动的概念及基本构成要素；（2）市场调研的基本方法；（3）创业者应具备的基本素质要求；（4）创业成功的影响因素；（5）创业行业选择的基本原则和方法；（6）选择企业组织形式应考虑的因素。

同步综合练习题

一、单项选择题

1. 根据戴卫·格耶瓦里博士和丹尼尔·弗葛尔的分类，下列哪个选项不是创业活动的基本要素(　　)。
   A. 创业意愿　B. 创业机会　C. 创业条件　D. 创业技能
2. 在创业意愿相对较高的地方，以下哪种举措作用更大(　　)。
   A. 设有多种奖项来选拔杰出创业者
   B. 鼓励创造和创新精神
   C. 组织相关活动使大众认识创业者的价值
   D. 税收和其他的优惠政策
3. 在创业早期阶段，创业企业的资金来源主要是(　　)。
   A. 私人权益资本　B. 内部集资
   C. 发行股票　D. 发行债券
4. 创业环境建设的核心是(　　)。
   A. 培养创业意愿　B. 创造机会
   C. 提高创业能力　D. 制定法律制度
5. 在中国的创业者类型中，所占比例最高的是(　　)。
   A. 生存型创业者　B. 变现型创业者
   C. 主动型创业者　D. 盲动型创业者
6. 在所有创业者类型中，一般而言成功概率最高的是(　　)。
   A. 生存型创业者　B. 变现型创业者
   C. 盲动型创业者　D. 冷静型创业者
7. 市场调研是创业前的重要步骤，我国最常用的调查方法是(　　)。
   A. 电话访问法　B. 入户访问法
   C. 专家意见法　D. 小组座谈法
8. 效率高，但是无论如何控制样本及调查的质量，搜集的数据都无法证明对总体有很好的代表性，该特征属于以下哪种市场调研方法(　　)。
   A. 电话访问法　B. 入户访问法
   C. 拦截访问法　D. 深度访谈法
9. 哪种市场调研方法是用于获取对问题的理解和深层了解的探索性研究(　　)。
   A. 电话访问法　B. 入户访问法
   C. 拦截访问法　D. 深度访谈法
10. 哪项不属于创业时选择行业的基本原则(　　)。
    A. 具有较大吸引力
    B. 符合社会经济发展趋势
    C. 选择具有技术创新性和市场前景好的项目
    D. 生产成本低

11. 行业选择是创业活动中的关键环节，可以通过定性和定量分析两个方面，对创业中的行业选择的准确性和适时性进行分析，以下哪项不属于行业选择的定性分析（　　）。

A. 行业特征性分析　　B. 行业竞争者分析

C. 行业获利性分析　　D. 创业者的资源分析

12. 创业者进行创业活动的最主要目标之一是(　　)。

A. 实现成本最小化　　B. 实现商业价值

C. 实现利润最大化　　D. 实现社会价值

13. 成功创业的第一前提是(　　)。

A. 健康和精力　　B. 自信

C. 自我控制与约束　　D. 沟通技巧与人际关系

14. 不属于影响行业选择的因素一级指标的是(　　)。

A. 行业特征性的因素　　B. 行业获利性的因素

C. 行业进入性的因素　　D. 政府政策因素

15. 在企业的众多组织形式中，法律要求最高的是(　　)。

A. 个人独资企业　　B. 合伙企业

C. 有限责任公司　　D. 股份有限公司

16. 在组织结构形式上，个人独资企业是(　　)。

A. 由个人创办的独资企业，其投资者是一个自然人

B. 投资者个人以其个人财产对企业债务承担无限责任

C. 个人独资企业是非法人企业

D. 个人独资企业无独立承担民事责任的能力

17. 在责任形态上，个人独资企业是(　　)。

A. 由个人创办的独资企业，其投资者是一个自然人

B. 投资者个人以其个人财产对企业债务承担无限责任

C. 个人独资企业是非法人企业

D. 个人独资企业无独立承担民事责任的能力

18. 国家有关法律、行政法规规定，个体工商户和私营企业可以从事下列哪个行业(　　)。

A. 军工业　　B. 邮电通信业

C. 交通运输业　　D. 铁路运输业

19. 根据《个人独资企业法》规定，可以作为个人独资企业投资人的有（　　）。

A. 法官　　B. 退役军人　　C. 检察官　　D. 警察

20. 合伙企业成立的法律基础是(　　)。

A. 合伙协议　　B. 合伙合同　　C. 劳动合同　　D. 三方协议

21. 以下不属于合伙企业设立条件的是(　　)。

A. 三个以上的合伙人　　B. 有书面合伙协议

C. 有合伙企业名称　　D. 有各合伙人实际缴付的出资

22. 有限责任公司的权力机构是(　　)。

A. 经理层　　B. 董事会　　C. 监事会　　D. 股东会

23. 我国《公司法》规定，以生产经营为主的有限责任公司最低注册资本额是(　　)。
A. 50 万元人民币　　B. 30 万元人民币
C. 10 万元人民币　　D. 3 万元人民币

24. 有限责任公司经营规模较大的，可以设立监事会，其成员应为(　　)。
A. 不得少于 2 人　　B. 不得少于 3 人
C. 不得少于 4 人　　D. 不得少于 5 人

25. 有限责任公司设经理，聘任或解聘经理的组织是(　　)。
A. 监事会　　B. 股东会　　C. 董事会　　D. 人力资源部门

26.《公司法》对有限责任公司的股东限定为(　　)。
A. 1 人以上 50 人以下　　B. 2 人以上 50 人以下
C. 3 人以上 50 人以下　　D. 4 人以上 50 人以下

27. 个人独资企业最大的劣势在于(　　)。
A. 信贷信誉低　　B. 无限责任
C. 财务有限　　D. 缺乏企业管理

28. 下列不属于合伙企业的劣势的是(　　)。
A. 无限责任　　B. 财务有限
C. 易内耗　　D. 合伙人财产转让困难

29. 以下哪项不属于有限责任公司的优势(　　)。
A. 设立程序比较简单　　B. 公司组织结构比较简单
C. 决策自主　　D. 股东人数有最高数量限制

30. 下列不属于有限责任公司劣势的是(　　)。
A. 易内耗　　B. 不注重公示主义
C. 出资转让不像股份转让那样自由
D. 公司股东可以利用人合公司特点从事个人的业务

31. 在我国，中小企业创业受到很多因素的制约，以下不属于制约因素的是(　　)。
A. 制度因素　　B. 社会因素　　C. 个人因素　　D. 政策因素

32. 制约我国中小企业创业的制度因素不包括(　　)。
A. 创业行政管理有待改善　　B. 风险投资机制不完善
C. 创业政策有待完善　　D. 融资渠道单一

33. 制约我国中小企业创业的社会因素不包括(　　)。
A. 创业氛围还不够浓厚　　B. 风险投资机制不完善
C. 创业服务有待加强　　D. 创业教育还不够成熟

34. 某人创业时想开一家零售店，他在创业之初最宜选择的企业形式是（　　）。
A. 个体户　　B. 合伙企业
C. 有限责任公司　　D. 股份有限公司

二、多项选择题

1. 华盛顿大学教授卡尔・维斯泊 1990 年提出创业行为过程包括以下哪几个核心要

素(　　)。

A. 营利性的商业机会　　B. 创业者的技术专有知识

C. 创业者的意愿　　D. 创业者的商业专有知识

E. 创业动机

2. 根据戴卫·格耶瓦里博士和丹尼尔·弗葛尔的分类，创业活动的要素主要包括(　　)。

A. 创业机会　B. 创业意愿　C. 创业条件　D. 创业技能

E. 创业时间

3. 创业意愿会受创业者的心理和行为特征等个人特质因素的影响，以下哪些个人特质因素会影响创业意愿(　　)。

A. 追求成就　　B. 充足的资金

C. 倾向于承担风险　　D. 具备创新能力

E. 自律性

4. 创业环境是在创业活动中发挥重要作用的要素组合，从创业环境概念角度，创业环境可以分为(　　)。

A. 政府政策　　B. 社会经济条件

C. 影响人们开展创业活动的所有政治、经济、社会文化诸要素

D. 获取创业帮助和支持的可能性

E. 金融与非金融支持

5. 创业环境在创业活动中发挥着重要的作用，一般把创业环境归为以下哪几类(　　)。

A. 教育与管理技能培养　　B. 社会文化

C. 社会经济条件　　D. 金融与非金融支持

E. 政府政策

6. 在创业不确定性逐渐降低、创业企业进入成长阶段后，创业企业为了获得进一步成长和扩张，对哪几种金融支持有着更迫切的需要(　　)。

A. 私人权益资本　　B. 银行信贷

C. 风险投资　　D. 内部集资

E. 发行股票

7. 我国当前创办企业最常见的企业法律形式有(　　)。

A. 个体工商户　　B. 个人独资企业

C. 合伙企业　　D. 有限责任公司

E. 无限责任公司

8.《科学投资》杂志社发现国内创业者基本可以分为(　　)。

A. 生存型创业者　　B. 变现型创业者

C. 主动型创业者　　D. 盲动型创业者

E. 冷静型创业者

9. 主动型创业者是指那些积极主动、自愿从事创业行为的人，又可以分为(　　)。

A. 盲动型创业者　　B. 远见型创业者

C. 冷静型创业者　　D. 变相型创业者

E. 生存型创业者

10. 创业者应该具备以下哪些素质(　　)。

A. 健康与精力　　B. 自信

C. 自我控制与约束　　D. 理性认识能力

E. 沟通技巧与人际关系

11. 市场调研的方法包括(　　)。

A. 头脑风暴法　　B. 电话访问法

C. 入户访问法　　D. 专家意见法

E. 小组座谈法

12. 电话访问是市场调研的方法之一，其优点是(　　)。

A. 效率高　　B. 人性化

C. 与客户直接访谈　　D. 有较高的参与度

E. 低费用

13. 电话访问是市场调研的方法之一，其缺点是(　　)。

A. 由于拒绝率的上升而降低效率

B. 较高的费用

C. 消费者越来越讨厌接到影响其生活、工作的电话，使得电话访问越来越困难

D. 参与率低

E. 与客户直接的访谈

14. 以下哪些属于创业时选择行业的基本原则(　　)。

A. 符合社会经济发展趋势　　B. 具有较强吸引力

C. 进入成本较低　　D. 选择具有技术创新性和市场前景好的项目

E. 创业者在该行业具有资源优势

15. 创业者与行业相关的资源应该包括(　　)。

A. 资源优势　　B. 成本优势　　C. 技术优势　　D. 市场优势

E. 相应的行业人脉优势

16. 行业选择的定性分析包括(　　)。

A. 市场环境分析　　B. 行业特征性分析

C. 行业获利性分析　　D. 行业进入性分析

E. 创业者的资源分析

17. 行业特征性分析内容包括(　　)。

A. 对行业发展趋势的分析　　B. 对行业进入性的分析

C. 对行业规模与差异性的分析　　D. 对所选行业所处的业链的位置进行分析

E. 对行业的生命周期进行分析

18. 中小企业创业的行业宜选择朝阳行业，特别是注意要选择有可能成为新兴产业的行业，所以应该选择行业的生命周期为(　　)。

A. 初创期　　B. 成长期　　C. 成熟期　　D. 衰退期

E. 萧条期

19. 中小企业创业中的行业选择必须要考虑到所选择的行业是否具有良好的商业价值，

可以从以下哪几个方面来分析行业的商业价值(　　)。
A. 是否具有良好的市场环境
B. 是否具有较高的行业平均盈利水平
C. 是否具有较大的市场规模及良好的市场成长性
D. 是否具有有利的政策环境
E. 是否具有行业技术壁垒

20. 行业进入性分析包括以下哪几个方面(　　)。
A. 行业进入成本　　B. 行业进入壁垒
C. 行业的集中度及竞争对手　　D. 政府的行业政策
E. 行业市场环境

21. 影响行业选择的因素一级指标有(　　)。
A. 行业特征性的因素　　B. 行业获利性的因素
C. 行业进入性的因素　　D. 政府政策因素
E. 创业者与行业关联的因素

22. John C. Burch 在研究创业活动时提出的创业机会评价方法包括(　　)。
A. 焦点座谈法　　B. 标准打分矩阵法
C. 拦截访问法　　D. 深度访谈法
E. 选择因素法

23. 一般而言，新创企业可以考虑以下哪几种经营方式(　　)。
A. 自产自销　　B. 代购代销
C. “三来”加工　　D. 批发
E. 零售

24. 经过市场调研，并确定了创业拟进入的行业后，新创企业可以考虑自产自销、代购代销、“三来”加工等经营方式，其中哪项属于“三来”加工(　　)。
A. 来料加工　B. 来样加工　C. 来件装配　D. 来单加工
E. 来料装配

25. 企业的法律形式有多种，主要包括(　　)。
A. 个体工商户　　B. 个人独资企业
C. 合伙企业　　D. 外商投资企业
E. 有限责任公司

26. 从工商部门统计资料角度看，我国当前创办企业最常见的法律形式为(　　)。
A. 股份有限公司　　B. 个体工商户
C. 合伙企业　　D. 有限责任公司
E. 个人独资企业

27. 个人独资企业设立的条件(　　)。
A. 投资人为一个自然人，不限于是中国公民
B. 有合法的企业名称
C. 有投资人申报的出资
D. 有固定的生产经营场所和必要的生产经营条件

E. 有必要的从业人员

28. 国家有关法律、行政法规规定，个体工商户和私营企业不得从事下列行业(　　)。

A. 军工业　B. 邮电通信业　C. 咨询服务业　D. 铁路运输业

E. 金融保险业

29. 根据《个人独资企业法》规定，不能作为个人独资企业投资人的有(　　)。

A. 法官　B. 退役军人　C. 检察官　D. 警察

E. 现役军人

30. 根据《个人独资企业法》，关于个人独资企业对投资人出资的规定有(　　)。

A. 投资人不必在申请设立时明确是以个人财产出资还是以其家庭财产作为个人出资

B. 设立个人独资企业应当有投资人申报的出资即可

C. 个人独资企业的出资额由投资人自愿申报

D. 投资人不必向登记机关出具验资证明

E. 登记机关审核投资人的出资是否实际缴付

31. 合伙企业的主要特征有(　　)。

A. 合伙企业以合伙协议为成立的法律基础

B. 合伙企业须由全体合伙人共同出资，合伙经营

C. 合伙人共负盈亏，共担风险，对外承担无限连带责任

D. 合伙人既可以按出资比例分享合伙盈利，也可按其他办法来分配合伙盈利

E. 合伙制企业的数量不如个人独资企业和公司制企业多

32. 合伙企业是常见的企业组织形式，其设立的条件有(　　)。

A. 有三个以上的合伙人　B. 有书面合伙协议

C. 有各合伙人实际缴付的出资　D. 有合伙企业名称

E. 有经营场所和从事合伙经营的必要条件

33. 有限责任公司的组织机构要素包括(　　)。

A. 股东会　B. 董事会　C. 监事会　D. 经理

E. 工会

34. 股东会行使的职权包括(　　)。

A. 决定公司的经营方针和投资计划　B. 选举和更换董事

C. 选举和更换由股东代表出任的监事　D. 决定有关董事的报酬事项

E. 审议批准董事会的报告

35. 董事会对股东会负责，行使下列哪些职权(　　)。

A. 负责召集股东会，并向股东会报告工作

B. 执行股东会的决议

C. 制订公司的年度财务预算方案、决算方案

D. 决定公司的经营计划和投资方案

E. 审议批准董事会的报告

36. 下列哪些人不得兼任监事(　　)。

A. 董事　B. 经理　C. 财务负责人　D. 理事

E. 股东

37. 以下哪几项是有限责任公司的特征(　　)。

A. 股东责任的有限性　　B. 公司资本的封闭性

C. 股东人数的不限性　　D. 股东人数的限制性

E. 有限责任公司是资本组合公司

38. 有限责任公司是常见的企业组织形式，注册有限责任公司应该具备的条件(　　)。

A. 股东人数为 3 人以上 50 人以下

B. 股东出资达到法定资本的最低限额

C. 有固定的生产经营场所和必要的生产经营条件

D. 股东共同制定章程

E. 有公司名称

39. 个人独资企业的优势是(　　)。

A. 注册手续简单　　B. 决策自主

C. 税赋负担较轻　　D. 注册资金较少

E. 注册资金规模不受限制

40. 个人独资企业的劣势是(　　)。

A. 信贷信誉低　B. 有限责任　　C. 可持续性差　　D. 财务有限

E. 缺乏企业管理

41. 以下属于合伙企业的优势的是(　　)。

A. 注册手续简便，费用低

B. 有限合伙承担有限责任，易吸引资金和人才

C. 税收较低　　D. 决策自主

E. 注册资金随意

42. 合伙企业的劣势是(　　)。

A. 无限责任　　B. 财务有限

C. 易内耗　　D. 缺乏企业管理

E. 合伙人财产转让困难

43. 有限责任公司的优势是(　　)。

A. 设立程序简单　　B. 决策自主

C. 结构简单　　D. 有限公司的公示主义稍有缓和

E. 股东人数有最高数量的限制

44. 下列属于有限责任公司劣势的是(　　)。

A. 易内耗　　B. 不注重公示主义

C. 出资转让不像股份转让那样自由

D. 公司股东可以利用人合公司特点从事个人的业务

E. 财务有限

45. 选择企业组织形式应该考虑的因素(　　)。

A. 经营事业的定位　　B. 经营事业的范围

C. 资金实力　　D. 经营计划

E. 回收资金周期

46. 中小企业创业成功因素包括有(　　)。
A. 创业者的个人素质　B. 创业项目的选定
C. 创业资金的筹集　D. 创业者的经营管理能力
E. 创业的政策环境

47. 经营管理是创业成败的关键之一，其主要内容包括(　　)。
A. 资金管理　B. 科学计划　C. 专家咨询　D. 员工素质
E. 营销活动

48. 制约我国中小企业创业的因素有(　　)。
A. 制度因素　B. 社会因素　C. 市场因素　D. 个人因素
E. 政策因素

49. 制约我国中小企业创业的制度因素包括(　　)。
A. 创业行政管理有待改善　B. 风险投资机制不完善
C. 创业政策有待完善　D. 融资渠道单一
E. 市场竞争激烈

50. 制约我国中小企业创业的社会因素包括(　　)。
A. 创业氛围还不够浓厚　B. 风险投资机制不完善
C. 创业服务有待加强　D. 创业行政管理有待改善
E. 创业教育还不够成熟

三、名词解释

创业环境　生存型创业者　变现型创业者　计划　入户访问法　拦截访问法　深度访谈法　行业获利性分析　行业选择的定量方法　标准打分矩阵法　选择因素法　代购代销　连锁加盟　个人独资企业　合伙企业　有限责任公司

四、简答题

1. 创业环境包括哪些要素？
2. 常用的市场调研方法有哪些？
3. 行业进入性分析包括哪几个方面？
4. 试简要回答新创企业常用的经营方式。
5. 合伙企业的设立条件有哪些？
6. 简述有限责任公司的特征。
7. 选择企业组织形式应该考虑的因素有哪些？
8. 中小企业创业的成功因素可以分为哪几个方面？

五、论述题

1. 试论述创业者在创业前应该做哪些准备。
2. 试论述我国当前常见的企业法律形式，并对其进行优劣势分析。
3. 试论述制约我国中小企业创业的主要因素，以及如何促进中小企业创业。

4. 试论述如何培育创业精神。

5. 试论述如何构建我国中小企业创业支持体系。

六、案例分析

1. 根据以下案例，亚尔默属于哪种类型的创业者？成功的创业者应该具备哪些素质？

案例：19 世纪，美国淘金热盛行，许多人来到加利福尼亚州，加入了淘金的队伍。淘金的工作辛苦，而且收入风险大。亚尔默看到人们在炎热的天气中淘金，身体中的水分流失快，人很容易口渴，但是周围几乎无饮用水源。他深思熟虑后，挖了一条沟，将远处的河水引过来，并经过多次过滤变成清水，卖给附近淘金的人。他很快就赚到了“第一桶金”，回到家乡创办了企业，并成为美国著名的企业家。亚尔默是千千万万成功创业者中的一员，这些成功的创业者都拥有独到的见解，能够从与众不同的角度看问题，不断创新，迎合新的需求。

2. 根据以下案例，分析小张失败的主要原因，并说明创业者的良好沟通技巧与人际关系的作用。

案例：某大学毕业生小张对创业充满了热情，并成立了一家求职中介公司。尽管制订了自己的创业计划、确立了盈利模式、进行了市场调研，也得到了父母兄长的资金支持，但小张存在自我为中心、只顾自我表达、缺乏耐心的不良习惯。在员工招聘中，他希望找到综合素质高的人，但是由于其过于自负，具有丰富经验和能力的人不愿意放弃工作跟他一起创业。好比没有左膀右臂，小张孤军奋战的结果只能是败下阵来。在与客户洽谈中，小张也常常将有效信息拒之门外，引起客户的反感，公司经营陷入困境。

3. 结合以下案例，试说明在创业时，应该如何选择行业。

案例：20 世纪 90 年代，某城镇做家电维修工作的小张和小李，都是以维修录音机、电视机为生。小张头脑灵活，喜欢探索新鲜事物，有强烈的好奇心。小李循规蹈矩，不愿意改变现状。随着农村生活水平的提高，越来越多的农民开始使用自来水。小张由此看到了商机，他认为有了自来水，洗衣机的使用将会普及化，有了洗衣机，将来便会有维修洗衣机的业务。因此，他买来了许多关于维修洗衣机的书籍，掌握了洗衣机的保养和维修技术，并在市场上买回了一些常见品牌的洗衣机供周围的人使用，让其了解洗衣机带来的便利。果然没过多久，洗衣机在该城镇逐渐普及，维修业务也被小张包揽。

参考答案

一、单项选择题

1. C	2. D	3. B	4. A	5. B	6. B	7. B	8. C
9. D	10. D	11. B	12. B	13. A	14. D	15. D	16. A
17. B	18. C	19. B	20. A	21. A	22. D	23. A	24. B
25. C	26. B	27. B	28. B	29. C	30. A	31. D	32. D
33. B	34. A						

二、多项选择题

1. ABDE	2. ABD	3. ACDE	4. CD	5. ACDE
6. BC	7. ABCD	8. ABC	9. AC	10. ABCDE
11. BCE	12. BCD	13. ABC	14. ABCDE	15. CDE
16. BCE	17. ACDE	18. AB	19. BC	20. ABCD
21. ABCE	22. BE	23. ABCDE	24. ABC	25. ABCDE
26. CDE	27. BCDE	28. ABDE	29. ACDE	30. BCD
31. ABCDE	32. BCDE	33. ABCD	34. ABCDE	35. ABCD
36. ABC	37. ABDE	38. BCDE	39. ABCE	40. ACDE
41. ABC	42. ACE	43. ACDE	44. BCD	45. ABCDE
46. ABCD	47. ABCDE	48. ABD	49. ABE	50. ACE

三、名词解释

创业环境：在创业活动中发挥重要作用的要素组合，一方面指影响人们开展创业活动的所有政治、经济、社会文化诸要素；另一方面指获取创业帮助和支持的可能性。

生存型创业者：这类创业者大多为下岗工人、失去土地或因为种种原因不愿困守乡村的农民，以及刚刚毕业未找到工作的大学生。这是中国数量最大的一批创业者。

变现型创业者：这类创业者一般是曾在事业单位掌握一定权力，或者在企业担当管理者期间聚拢了大量资源的人。

计划：是一个有意识的、系统化的决策过程，要决定以后个人、小组、部门或者组织所要达到的目标与从事的活动，也就是说使要实现的目标具体化，并预先决定采取恰当的行动来完成这些目标。

入户访问法：指调查员到被调查者的家中或工作单位进行访问，直接与被调查者接触。然后或是利用访问式问卷逐个问题进行询问，并记录下对方的回答；或是将自填式问卷交给被调查者，讲明方法后，等待对方填写完毕或稍后再回来收取问卷的调查方式。

拦截访问法：是指在某个场所（一般是较繁华的商业区）拦截在场的一部分进行面访调查。这种方法常用于商业性的消费者意向调查中。

深度访谈法：是一种无结构的、直接的、个人的访问，在访问过程中，一个掌握高级技巧的调查员深入地访谈一个被调查者，以揭示对某一问题的潜在动机、信念、态度和感情。

行业获利性分析：分析所选择的行业是否具有良好的商业价值，包括是否具有较高的行业平均盈利水平；是否具有较大的市场规模以及良好的市场成长性。

行业选择的定量方法：对影响行业选择的因素按照重要程度依次排序或赋值，然后对所有因素进行加权总和，在此基础上，选择最有利的行业作为创业所要进入的行业。

标准打分矩阵法：设定对选择行业有重要影响的因素，由专家或根据统计资料对每一个因素进行等级打分，求出每一个因素对不同行业选择进行比较后的得分，选择得分较高的行业。

选择因素法：对设定的影响行业选择的主要因素进行判断。在行业选择中，如果只有不到一半的因素符合条件，这个行业选择则不可取。如果有一半以上的因素符合条件，这个行业选择的可能性就会加大。

代购代销：指用合同的形式，受人委托代为收购、销售的一种商业活动。

连锁加盟：是指企业组织将自身的服务标志授权给加盟主，让加盟主可以用加盟总部的形象、品牌、声誉等，在商业的消费市场上，招揽消费者前往消费。

个人独资企业：是指依照《个人独资企业法》，在中国境内设立，由一个自然人投资，财产为投资人个人所有，投资人以其个人财产对企业债务承担无限责任的经营实体。

合伙企业：是指依照《中华人民共和国合伙企业法》在中国境内设立的，由各合伙人订立合伙协议，共同出资、合伙经营、共享收益、共担风险，并对合伙企业债务承担无限连带责任的营利性组织。

有限责任公司：是指股东以其出资额为限对公司承担责任，公司以其全部资产对公司的债务承担责任的法人企业。设立有限责任公司，除其名称应符合企业法人名称的一般性规定外，还必须在公司名称中标明“有限责任公司”或“有限公司”。

四、简答题

1. 创业环境包括：①政府政策；②社会经济条件；③教育与管理技能培养；④金融与非金融支持。

2. 常用的市场调研方法包括：①电话访问法；②入户访问法；③拦截访问法；④小组（焦点）座谈法；⑤深度访谈法。

3. 行业进入性分析包括：①行业进入成本；②行业进入壁垒；③行业的集中度及竞争对手；④政府的行业政策。

4. 新创企业一般可以考虑：自产自销、代购代销、“三来”加工、批发、零售、连锁加盟等经营方式。

5. 合伙企业设立的条件：①有两个以上的合伙人，并且都是依法承担无限责任者；②有书面合伙协议；③有各合伙人实际缴付的出资；④有合伙企业名称；⑤有经营场所和从事合伙经营的必要条件。

6. 有限责任公司的特点：①股东责任的有限性；②公司资本的封闭性；③股东人数的限制性；④有限责任公司是资合公司，但同时具有较强的人合因素。

7. 选择企业组织形式应该考虑：①经营事业的定位；②经营事业的范围；③资金实力；④团队组成情况、经营计划、组成人员权力责任的承担、盈利模式和回收资金的周期等因素。

8. 中小企业创业的成功因素可以分为：①创业者的个人素质；②创业项目的选定；③与筹资相关的因素；④经营管理因素。

五、论述题

1. 答案要点：市场调研、行业选择、经营方式选择。

2. 答案要点：(1) 个人独资企业。优势：注册手续简单、决策自主、税赋负担较轻、注册资金规模不受限制。劣势：信贷信誉低、无限责任、可持续性差、财务有限、缺乏企业管理。

(2) 合伙企业。优势：注册手续简便，费用低；有限合伙承担有限责任，易吸引资金和人才；税收较低。劣势：无限责任、易内耗、合伙人财产转让困难。

(3) 有限责任公司。优势：设立程序简单、结构简单、股东人数有最高限制。劣势：有限公司因采用有限责任制度具有人合公司特点，这使得公司股东可以利用此种方式从事个人的业务；有限公司不注重公示主义；有限公司的出资转让不像股份转让那样自由。

3. 答案要点：(1) 制约因素包括制度因素、社会因素、个人因素。

(2) 促进中小企业创业：培育创业精神；建立健全我国中小企业创业支持体系，等等。

4. 答案要点：①转变传统观念；②建立和完善创业教育体系；③提供创业财税优惠，加强我国中小企业孵化机制建设；④充分发挥中介组织作用。

5. 转变政府职能、优化法治环境、建立多层次资本市场等。

六、案例分析

1. 答案要点：(1) 亚尔默属于主动性创业者。(2) 成功的创业者应具备的素质：健康与精力；自信；自我控制与约束；理性认识能力；沟通技巧与人际关系；计划与组织才能；用人之道；挑战风险，接受不确定性；性格成熟；创新能力与创造欲。

2. 答案要点：(1) 小张创业失败的原因：缺乏良好的沟通能力。(2) 创业者的良好沟通技巧与人际关系的作用：第一，创业者具有出色的沟通技巧，使创业者在经营自营企业的过程能够与客户之间进行有效的沟通，在客户中间树立良好的个人形象与企业形象。第二，有助于创业者具备出色的协调能力，能够妥善地处理与雇员之间的关系，并对他们的工作进行有效的协调。第三，在工作过程中，创业者能否与各个利益相关者友好相处、互相配合、协调一致，在企业内营造良好和谐的氛围。

3. 答案要点：(1) 符合社会经济发展趋势；(2) 具有较强吸引力；(3) 进入成本较低；(4) 选择具有技术创新性和市场前景好的项目；(5) 创业者在该行业具有资源优势。

第3章 中小企业融资战略

考核内容

通过本章的学习，应该掌握中小企业常用的融资方式及其特点，理解企业选择不同融资方式时应考虑的因素；了解企业在不同发展阶段可供选择的融资策略；理解导致我国中小企业融资困难的内外部原因；了解欧美日等发达国家在解决中小企业融资方面的扶持政策体系和具体做法，以及对我国的借鉴意义；在此基础上，分析在我国国情背景下，促进中小企业融资的具体政策措施。

一、中小企业的主要融资方式及特点

(一) 中小企业的主要融资方式及特点

在市场经济中，企业一般通过两种渠道获取资金：内源融资和外源融资。

(1) 内源融资

内源融资又称内部融资，是指企业在生产经营过程中从其内部提取或留存资金，以弥补原有投资的不足和扩大再生产。

内源融资对企业资本的形成有原始性、自主性、低成本性和抗风险性等特点，是企业生存和发展不可或缺的重要组成部分。

具体来说，内源融资又可分为留利资金融资、沉淀资金、内部集资等形式。

(2) 外源融资

随着企业生产经营规模的不断扩大，内源融资无法满足企业的需求时，外源融资就要成为企业扩张的主要融资手段。

外源融资是指企业吸收其他经济主体的闲置资金以满足自身资金需求的融资方式。外源融资按照是否经过银行等金融中介机构进行融资又可以分为直接融资和间接融资。

直接融资是指不通过金融中介机构资金直接从盈余部门流向短缺部门的融资方式。我国中小企业直接融资方式主要包括股票债券融资、租赁融资、兼并融资、引进外资融资和民间融资等。优点在于：(1) 能最大限度地吸收社会游资，直接投资于企业生产经营之中，因此筹集速度快、筹资数额大、资金使用时间长；(2) 资金供求双方联系紧密，有利于资金快速合理配置和使用效率的提高；(3) 筹资的成本较低而投资收益较大。缺点主要表现为：(1) 直接融资双方在资金数量、期限、利率等方面受到的限制较多；(2) 直接融资使用的金融工具流通性较间接融资的要弱，兑现能力较低；(3) 直接融资的风险较大。

间接融资是指拥有暂时闲置货币资金的单位通过存款的形式，或者购买银行、信托、保险等金融机构发行的有价证券，将其暂时闲置的资金先行提供给这些金融中介机构，然后再由这些金融机构以贷款、贴现等形式，或通过购买需要资金的单位发行的有价证券，把资金提供给这些单位使用，从而实现资金融通的过程。间接融资主要包括如下种类：(1) 银行信用；(2) 消费信用。

间接融资最典型的方式是向银行等金融机构借款，它是我国企业最常用的一种外部融资方式。间接融资的特征表现为：(1) 间接性；(2) 相对集中性；(3) 信誉差异性较小；(4) 全部具有可逆性；(5) 融资的主动权掌握在金融中介手中。

(二) 影响企业融资方式选择的因素

(1) 外部因素

影响企业融资方式选择的外部因素是指对企业融资方式选择产生影响的各种外部客观环境，主要是指法律环境、金融环境和经济环境。

(2) 内部因素

影响企业融资方式选择的内部因素主要包括企业的发展前景、盈利能力、经营和财务状况、行业竞争力、资本结构、控制权、企业规模、信誉等方面的因素。

（三）企业生命周期不同阶段融资方式的选择

创立期，由于企业刚起步，各方面资金需求较大，较少的经营现金流入很难满足大量的资金缺口，选择筹资渠道及方式成为企业财务管理的重点。

成长期，企业应更多地选择长期借款、短期借款、发行债券和商业信用等负债融资，以扩大资金来源渠道，降低资本成本。

成熟期，企业可以选择留存利润、长期借款、短期借款以及债券融资。

衰退期，企业可以选择通过出售价值贡献不大的资产进行融资。

二、我国中小企业融资现状

（1）融资能力低。（2）融资渠道狭窄单一。（3）获得银行贷款难。（4）股权融资受多种因素制约。（5）债权融资难以拓展。（6）在一定程度上依赖非正规金融借贷渠道。（7）结构性矛盾突出。

三、我国中小企业融资难的成因分析

（一）中小企业融资困境内部成因

首先，中小企业融资困境有着深层次的内部原因，那就是企业信用文化的缺失。其次，中小企业抵押式担保能力不足。最后，中小企业一般规模小，盈利能力差，经营风险高。

（二）中小企业融资困境外部成因

（1）从政策层面上看，我国尚未形成完整的扶持中小企业政策发展的政策体系。（2）多层次的资本市场体系尚不健全。（3）缺乏完善的信用担保机制。（4）法律法规与管理机构不健全，缺乏政策支持。（5）各地区广泛存在着非正规金融的抑制效应。

四、完善我国中小企业融资渠道的对策

（一）政府和社会层面

为了改善中小企业的经营环境，缓解中小企业融资难的问题，国务院于 2009 年 9 月发布了《进一步促进中小企业发展的若干意见》（国发〔2009〕36 号），对政府和金融部门如何改善中小企业融资环境提出了规范性要求。

具体而言，从政府和社会层面，应着手做好以下几个方面的工作：（1）全面落实支持小企业发展的金融政策；（2）加强和改善对中小企业的金融服务；（3）进一步拓宽中小企业融资渠道；（4）发挥信用信息服务在中小企业融资中的作用；（5）建立多层次的资本市场体系；（6）建立健全中小企业的信用评价及担保体系。

（二）企业层面

（1）提高中小企业整体素质，增强其内在融资能力。（2）中小企业要逐步提高自身积累能力，增强资金积累意识。（3）中小企业应加强内部管理，提高信息的透明度，塑造良

好的企业形象。

重点和难点

本章需要重点掌握的知识点有：(1) 内源融资和外源融资的含义、形式及特点；(2) 我国中小企业融资困境的具体表现；(3) 中小企业选择融资方式时应遵循的原则和考虑因素；(4) 企业不同发展阶段的融资策略；(5) 导致我国中小企业融资难的内部原因和外部原因。

同步综合练习题

一、单项选择题

1. 下列哪项不是内源融资形式(　　)。
   A. 留利资金融资　　B. 沉淀资金
   C. 内部集资　　D. 债务性融资
2. 企业融资方式中成本最低的是(　　)。
   A. 留利资金融资　　B. 沉淀资金
   C. 内部集资　　D. 民间融资
3. 留利资金融资是内源融资的重要方式，留利资金融资的缺点是(　　)。
   A. 融资成本高
   B. 流利资金的转化形式受国家有关规定制约
   C. 增加财务风险　　D. 增加债务资本
4. 沉淀资金实质上就是折旧资金转化为积累资金，以下不属于利用沉淀资金的优点是(　　)。
   A. 可以使企业获得长期稳定的资金来源
   B. 利用沉淀资金融资的数额很高
   C. 不构成企业的债务负担
   D. 不需要支付代价
5. 企业进行沉淀资金融资时，要注意其缺点，以下属于其缺点的是(　　)。
   A. 若折旧期结束时不能收回沉淀资金，将大大影响企业的固定资产更新技术改造
   B. 增加财务风险 C. 受法律制约　　D. 融资成本高
6. 内部集资作为一种较为方便的融资方式，也存在一定的缺点，以下属于其缺点的是(　　)。
   A. 提高债务风险
   B. 影响企业的固定资产更新技术改造
   C. 因筹资规模有限，只能作为企业融资的一种次要的、辅助性的融资方式
   D. 融资成本高
7. 下列不属于直接融资的优点的是(　　)。
   A. 能最大限度地吸收社会游资，直接投资于企业生产经营之中，因此筹集速度快、筹资数额大、资金使用时间长
   B. 筹资的风险比较小
   C. 资金供求双方联系紧密，有利于资金快速合理配置和使用效率的提高
   D. 筹资的成本较低而投资收益较大
8. 以下哪个选项不属于直接融资的缺点(　　)。
   A. 降低员工工作热情
   B. 直接融资双方在资金数量、期限、利率等方面受到的限制较多
   C. 直接融资使用的金融工具流通性较间接融资的要弱，兑现能力较低

D. 直接融资的风险较大

9. 间接融资最典型的方式是(　　)。

A. 向银行等金融机构借款　　B. 兼并融资

C. 引进外资融资　　D. 民间融资

10. 间接融资的优点不包括以下哪一项(　　)。

A. 筹集资金较多　　B. 借款数额灵活

C. 使用时间灵活　　D. 还本付息灵活

11. 企业在创立期的主要融资方式是(　　)。

A. 发行债券　　B. 长期借款

C. 短期借款　　D. 权益融资

12. 各方面资金需求较大，较少的经营现金流入很难满足大量的资金缺口，选择筹资渠道及方式成为企业财务管理的重点，体现的是企业生命周期哪个阶段的特点(　　)。

A. 创立期　　B. 成长期　　C. 成熟期　　D. 衰退期

13. 对于创立期的高科技企业也可适度吸引风险投资者通过哪种方式进行融资(　　)。

A. 长期借款　　B. 实收资本　　C. 短期借款　　D. 债券融资

14. 企业产品销售收入以及提供劳务产生的现金流量逐渐增长，企业的经营风险逐渐降低，企业要在权益融资和债务融资中做好选择，体现的是企业生命周期哪个阶段的特点(　　)。

A. 创立期　　B. 成长期　　C. 成熟期　　D. 衰退期

15. 以下哪个选项不是成熟期企业的特点(　　)。

A. 出现市场规模效应　　B. 竞争优势明显

C. 各方面资金需求较大　　D. 经营风险较小

16. 企业市场规模效应出现，竞争优势明显，产生了大量的现金流，现金储备充足，企业内部融资足以满足少量的投资需求，经营风险较小，体现的是企业生命周期哪个阶段的特点(　　)。

A. 创立期　　B. 成长期　　C. 成熟期　　D. 衰退期

17. 处于成熟期的企业不应选择的融资方式有(　　)。

A. 发行债券　　B. 留存利润　　C. 长期借款　　D. 短期借款

18. 产品需求开始萎缩，销量逐渐下滑，盈利能力不断下降，现金流逐步衰减，体现的是企业生命周期哪个阶段的特点(　　)。

A. 创立期　　B. 成长期　　C. 成熟期　　D. 衰退期

19. 中小企业主要的融资渠道是(　　)。

A. 外源性融资　　B. 留利资金融资

C. 沉淀融资　　D. 内源性融资

20. 当企业正处于盈利能力不断上升，发展前景良好的时期，理想的融资方式是(　　)。

A. 债务融资　　B. 股权融资　　C. 内部融资　　D. 发行股票

21. 中小企业获得外部融资的主要方式是(　　)。

A. 银行贷款　B. 长期债券　C. 发行股票　D. 短期债券

22. 中小企业融资渠道主要集中在(　　)。

A. 银行贷款　B. 民间贷款　C. 自有资产　D. 股票期权

23. 中小企业债券融资难以拓展的原因不包括(　　)。

A. 发行风险高

B. 国家规定企业债券利息征收所得税

C. 发行程序复杂

D. 投资者对其投资信心不足

24. 除了商业信用外，中小企业融资的重要补充是(　　)。

A. 发行股票　B. 内部融资　C. 外部融资　D. 民间借贷

25. 非正规金融最大的优点是(　　)。

A. 借贷成本低　B. 借贷风险低

C. 借贷过程简便迅速　D. 不受法律约束

26. 从信贷资金供给的期限结构看，中小企业存在的结构性矛盾是(　　)。

A. 存在一部分中型企业融资问题基本缓解与绝大多数中小企业融资依然十分困难的矛盾

B. 存在短期资金供给相对充裕与中长期投资性资金供给严重不足的矛盾

C. 存在对内源融资过度依赖和外源融资相对不足的矛盾

D. 存在对债务性融资过度依赖与权益性融资市场开发相对不足的矛盾

27. 从内外源融资结构关系看，中小企业存在的结构性矛盾是(　　)。

A. 存在一部分中型企业融资问题基本缓解与绝大多数中小企业融资依然十分困难的矛盾

B. 存在短期资金供给相对充裕与中长期投资性资金供给严重不足的矛盾

C. 存在对内源融资过度依赖和外源融资相对不足的矛盾

D. 存在对债务性融资过度依赖与权益性融资市场开发相对不足的矛盾

28. 从融资方式看，中小企业存在的结构性矛盾是(　　)。

A. 存在一部分中型企业融资问题基本缓解与绝大多数中小企业融资依然十分困难的矛盾

B. 存在短期资金供给相对充裕与中长期投资性资金供给严重不足的矛盾

C. 存在对内源融资过度依赖和外源融资相对不足的矛盾

D. 存在对债务性融资过度依赖与权益性融资市场开发相对不足的矛盾

29. 以下不属于造成中小企业融资困境内部成因的是(　　)。

A. 企业信用文化的缺失

B. 中小企业抵押式担保能力不足

C. 中小企业一般规模小，盈利能力差，经营风险高

D. 缺乏完善的信用担保机制

30. 我国于 2003 年颁布了一部法律法规，填补中小企业有效融资的法律法规的立法空白，为中小企业发展、改善中小企业融资状况提供法律保障。该部法规是(　　)。

A.《关于小企业贷款信用担保管理的若干规定》

B.《中小企业促进法》

C.《小企业法》

D.《中小企业基本法》

31. 为了促进中小企业对现有金融体系的利用，缓解中小企业融资困境，美国政府专门制定了相关法律，并根据该法建立了小企业管理局及相应的政策、法律支持系统，该法律是(　　)。

A.《关于小企业贷款信用担保管理的若干规定》

B.《中小企业促进法》

C.《小企业法》　　D.《中小企业基本法》

32. 为改善小企业融资，日本构建了专门的小企业金融体系，并以立法的形式加以实施，该部法律是(　　)。

A.《关于小企业贷款信用担保管理的若干规定》

B.《中小企业促进法》

C.《小企业法》　　D.《中小企业基本法》

33. 中小企业破产数目增，1977 年达到高峰。为应对经济冲击，日本政府修改了下列哪项法律，加强了对中小企业融资的援助(　　)。

A.《中小企业现代化促进法》　　B.《中小企业促进法》

C.《小企业法》　　D.《中小企业基本法》

34. 欧盟专门设立了为中小企业提供融资服务的政策性银行，其资金的 90%用于欧盟的不发达地区的投资项目，10%用于东欧国家和与欧盟有联系的发展中国家。该银行是(　　)。

A. 进出口银行　　B. 欧盟投资银行

C. 欧洲投资银行　　D. 欧洲银行

35. 欧盟通过以下哪个组织为中小企业提供融资担保(　　)。

A. 欧盟投资银行　　B. 欧洲投资基金

C. 欧洲投资银行　　D. 欧洲银行

36. 欧洲投资银行和欧洲投资基金两大金融机构于 1997 年合作建立了什么基金，支持具有较高风险的中小企业的投资(　　)。

A. 欧洲投资基金　　B. 欧洲保险基金

C. 欧洲建设投资基金　　D. 欧洲技术便捷启动基金

37. 为了改善中小企业的经营环境，缓解中小企业融资难的问题，国务院于 2009 年 9 月发布了相关法律，对政府和金融部门如何改善中小企业融资环境提出了规范性要求。该法律为(　　)。

A.《关于小企业贷款信用担保管理的若干规定》

B.《中小企业促进法》

C.《进一步促进中小企业发展若干意见》

D.《中小企业基本法》

38. 以下哪项不是加强和改善对中小企业的金融服务的举措(　　)。

A. 加快创业板市场建设

B. 国有商业银行和股份制银行都要建立小企业金融服务专营机构
C. 完善财产抵押制度和贷款抵押物认定办法
D. 建立和完善中小企业金融服务体系

二、多项选择题

1. 在市场经济中，企业一般通过哪些渠道获取资金(　　)。
A. 外源融资　B. 内源融资　C. 项目融资　D. 企业融资
E. 个人融资
2. 内源融资对企业资本形成的特点是(　　)。
A. 原始性　B. 内生性　C. 自主性　D. 低成本性
E. 抗风险性
3. 留利资金融资的优点包括(　　)。
A. 增强企业实力　B. 可以相应减少债务资本
C. 不需要支付代价　D. 融资成本低
E. 增强企业用其他方式筹资的能力
4. 利用沉淀资金的优点是(　　)。
A. 不需要支付代价
B. 可以使企业获得长期稳定的资金来源
C. 利用沉淀资金融资的数额很高
D. 不构成企业的债务负担　E. 增加财务风险
5. 内部股票与股份公司股票的区别在于(　　)。
A. 可以流通上市　B. 可以随时与企业兑换现金
C. 是企业向员工借款的凭证　D. 不能流通上市
E. 通常有一定期限
6. 内部集资的优点包括(　　)。
A. 调动职工工作热情　B. 手续简单
C. 筹资成本较低　D. 在企业处于困境时起急救的作用
E. 降低债务风险
7. 外源融资按照是否经过银行等金融中介机构进行融资又可以分为(　　)。
A. 直接融资　B. 沉淀融资
C. 留利资金融资　D. 内部集资
E. 间接融资
8. 我国中小企业直接融资方式主要包括(　　)。
A. 股票债券融资　B. 租赁融资
C. 兼并融资　D. 引进外资融资
E. 民间融资
9. 下列属于直接融资的优点的是(　　)。
A. 能最大可能地吸收社会游资
B. 筹集速度快、筹资数额大、资金使用时间长

C. 资金供求双方联系紧密

D. 有利于资金快速合理配置和使用效率的提高

E. 筹资的成本较低而投资收益较大

10. 下列属于直接融资的缺点的是(　　)。

A. 直接融资双方在资金数量、期限、利率等方面受到的限制较多

B. 直接融资使用的金融工具流通性较间接融资的要弱，兑现能力较低

C. 直接融资的风险较大　　D. 降低员工工作热情

E. 融资程序复杂

11. 间接融资作为外源融资的重要方式之一，包括的种类有(　　)。

A. 留利资金融资　　B. 沉淀资金

C. 银行信用　　D. 消费信用

E. 内部集资

12. 间接融资的基本特点是通过金融中介机构来进行资金融通，它由以下哪两个环节构成(　　)。

A. 银行信用　　B. 金融机构筹集资金

C. 消费信用　　D. 内部集资

E. 运用资金

13. 间接融资的优点包括以下哪几项(　　)。

A. 筹集资金较多　　B. 借款数额灵活

C. 使用时间灵活　　D. 还本付息灵活

E. 不受金融政策变动的影响

14. 间接融资的特征体现为(　　)。

A. 间接性　　B. 相对集中性

C. 信誉差异性较小　　D. 全部具有可逆性

E. 融资的主动权掌握在金融中介手中

15. 影响企业融资方式选择的主要外部因素有(　　)。

A. 法律环境　　B. 政治环境　　C. 宏观环境　　D. 金融环境

E. 经济环境

16. 影响企业融资方式选择的内部因素包括(　　)。

A. 法律　　B. 盈利能力

C. 行业竞争力　　D. 企业规模

E. 信誉

17. 在选择融资方式时，应该遵循循先“内部融资”后“外部融资”的原则的原因是(　　)。

A. 内部融资成本相对较低、风险最小、使用灵活自主

B. 负债比例尤其是高风险债务比例的提高会加大企业的财务风险和破产风险

C. 企业的股权融资偏好易导致资金使用效率降低

D. 内部融资程序简便

E. 内部融资受法律影响较少

18. 企业在选择具体的融资方式时，应该考虑以下哪些因素（　　）。
A. 宏观经济环境的影响　B. 企业所处行业的竞争程度
C. 利率、税率的变动　D. 融资方式的成本和风险
E. 企业自身的盈利能力及发展前景
19. 企业生命周期分为以下哪几个阶段（　　）。
A. 创立期　B. 成长期　C. 成熟期　D. 萧条期
E. 衰退期
20. 处于成熟期的企业可以选择的融资方式有（　　）。
A. 发行债券　B. 留存利润　C. 长期借款　D. 短期借款
E. 债券融资
21. 我国中小企业融资现状为（　　）。
A. 融资能力低　B. 融资渠道狭窄单一
C. 难以获得银行贷款　D. 股权融资受过多因素制约
E. 债券融资难以拓展
22. 中小企业难以获得银行贷款的原因有（　　）。
A. 中小企业融资业务的特点是风险高、收益低、流动性管理困难
B. 银行经营的原则之一是安全性，要尽量减少呆账、坏账
C. 中小企业市场风险大，企业倒闭率高
D. 中小企业财务制度不健全，资信状况堪忧
E. 中小企业往往缺乏足额的财产抵押
23. 中小企业债券融资难以拓展的原因包括（　　）。
A. 发行风险高　B. 发行规模的严格控制
C. 发行程序复杂　D. 投资者对其投资信心不足
E. 国家规定企业债券利息征收所得税
24. 造成融资困难的内部成因是（　　）。
A. 企业信用文化缺失　B. 资本市场体系不完善
C. 缺乏信用担保机制　D. 盈利能力差
E. 企业抵押式担保能力不足
25. 造成中小企业融资困难的外部成因有（　　）。
A. 我国尚未形成完整的扶持中小企业政策发展的政策体系
B. 多层次的资本市场体系尚不健全
C. 缺乏完善的信用担保机制
D. 法律法规与管理机构不健全，缺乏政策支持
E. 各地区广泛存在着非正规金融的抑制效应
26. 美国小企业管理局除了负责制定小企业规模标准、协调其他联邦机构涉及小企业的政策外，其主要职责包括（　　）。
A. 制订针对小企业的各种优惠贷款计划
B. 建立贷款担保二级市场
C. 指定优先向小企业贷款的金融机构

D. 为小企业融资提供履约担保服务

E. 通过小企业投资公司向小企业注入股本投资

27. 美国政府在推动中小企业融资方面，政府起到的作用主要是(　　)。

A. 建立贷款担保二级市场

B. 通过法律消除不利于中小企业公平竞争的障碍，监管商业金融机构执行这些法律

C. 向商业金融机构提供涉及小企业融资的“最后贷款”

D. 对商业金融机构向小企业融资提供信息服务

E. 制订针对小企业的各种优惠贷款计划

28. 在多年的发展中，日本逐渐形成了一套有特色的中小企业融资模式，该模式的特点是(　　)。

A. 以市场为主导

B. 以政府为主导

C. 得到政府扶持的日本民间金融机构较多

D. 信用保证协会制度

E. 中小企业信用保险制度

29. 意大利政府为了促进中小企业的发展并为其融资提供法律保障，颁布了一系列法律法规，如(　　)。

A.《小企业法》　　B.《中小企业法》

C.《中小企业基金法》　　D.《特别银行法》

E.《中小企业融资条例》

30. 欧洲投资银行通常利用自身的资金和借助资本市场，通过以下哪几种方式对中小企业进行融资(　　)。

A. 全球贷款　　B. 长期贷款

C. 减少利息　　D. 为中小企业提供贷款贴息

E. 阿姆斯特丹特别行动计划

31. 欧洲投资基金是根据爱丁堡理事会决议成立的，主要为泛欧洲公路网项目和中小企业提供信用担保。其通过哪种方式提供融资便利(　　)。

A. 融资担保　　B. 股权参与

C.“增长和环境”引导项目　　D. 为中小企业提供贷款贴息

E. 阿姆斯特丹特别行动计划

32. 在欧盟，欧洲投资银行和欧洲投资基金两大金融机构于 1997 年合作建立了“欧洲技术便捷启动基金”(ETF)，该项基金的目标是(　　)。

A. 支持具有较高风险的中小企业的投资

B. 支持中小企业的产业转型

C. 鼓励新研发成果的使用

D. 鼓励中小企业技术创新

E. 鼓励科研中心和科学园区对中小企业提供投资

33. 完善我国中小企业融资渠道的对策，从政府和社会层面，应着手做好(　　)。

A. 全面落实支持小企业发展的金融政策
B. 加强和改善对中小企业的金融服务
C. 进一步拓宽中小企业融资渠道
D. 发挥信用信息服务在中小企业融资中的作用
E. 建立多层次的资本市场体系

34. 拓宽中小企业融资渠道的举措有(　　)。
A. 加快创业板市场建设　　B. 完善创业投资和融资租赁政策
C. 鼓励有关部门和地方政府设立创业投资引导基金
D. 发挥融资租赁、典当、信托等融资方式在中小企业融资中的作用
E. 稳步扩大中小企业集合债券和短期融资券的发行规模

35. 建立健全中小企业的信用评价及担保体系的举措有(　　)。
A. 建立包括信贷信用评级制度、企业法人代表资信评级制
B. 建立企业整体资信评级制度在内的中小企业信用评价体系
C. 鼓励有关部门和地方政府设立创业投资引导基金
D. 建立专门为中小企业服务的信用担保体系
E. 稳步扩大中小企业集合债券和短期融资券的发行规模

36. 完善我国中小企业融资渠道的对策，从企业层面，应着手做好以下哪几个方的面工作(　　)。
A. 稳步扩大中小企业集合债券和短期融资券的发行规模
B. 提高中小企业整体素质，增强其内在融资能力
C. 中小企业要逐渐提高自身积累能力，增强资金积累意识
D. 中小企业应加强内部管理，提高信息的透明度，塑造良好的企业形象
E. 建立专门为中小企业服务的信用担保体系

37. 提高中小企业整体素质，增强其内在融资能力，应着手做好以下哪几个方面的工作(　　)。
A. 中小企业要逐渐提高自身积累能力，增强资金积累意识
B. 规范中小企业的企业制度，建立规范的现代企业制度
C. 积极推进公司治理进程，建立完善的法人经营理念
D. 不断完善企业财务制度，改善财务状况
E. 建立专门为中小企业服务的信用担保体系

38. 中小企业要逐渐提高自身积累能力，增强资金积累意识，应着手做好(　　)。
A. 运用科学的管理方法，提高企业资金使用效率
B. 不断进行管理创新和技术创新，提高生产经营效率
C. 鼓励有关部门和地方政府设立创业投资引导基金
D. 建立专门为中小企业服务的信用担保体系
E. 稳步扩大中小企业集合债券和短期融资券的发行规模

三、名词解释

内源融资　留利资金融资　沉淀资金　内部集资　外源融资　直接融资　间接融资

经济环境　中小企业信用保险制度

四、简答题

1. 直接融资有哪些优点和缺点?
2. 简述间接融资的主要特征。
3. 简述企业在成长期的融资战略。
4. 简述中小企业融资困境的外部成因。
5. 简述中小企业融资困境的内部成因。
6. 简述日本中小企业融资模式的特点。
7. 如何从政府和社会层面畅通我国中小企业融资渠道?

五、论述题

1. 中小企业的融资方式及其特点。
2. 论述企业在选择具体的融资方式时应考虑的因素。
3. 为什么我国中小企业在发展过程中会经常遇到融资渠道不畅?
4. 试述欧盟鼓励中小企业融资的具体措施。
5. 论述如何完善我国中小企业融资渠道的对策?

六、案例分析

1. 该案例说明企业在融资的时候面临什么问题?企业应该如何选择融资方式?

案例:我国对股票融资渠道制定了严格的准入条件,中小企业因受净资产规模、信用等级、融资额度不达标,资产评估、信息披露费用昂贵等因素的影响,股权融资不能有效地发挥作用。虽然我国证券市场上已启动中小企业板,但是绝大多数中小企业不能进入公开的证券市场进行股票融资,中小企业的融资方式较少,大部分企业还是采用传统的信贷,甚至高利贷方式筹集资金,大大增加了企业运营成本。

2. 结合以下案例,分析我国的中小企业融资的现状,以及从美国经验中得到的启示。

案例:在美国,企业融资渠道有着明显的差异。中小企业的融资渠道主要有业主及关系人的投资、创业投资、小企业投资公司、股票创业板市场、向小银行或规模较小的财务公司进行贷款等;而大企业的融资渠道则主要是向大银行贷款或在证券市场发行股票和商业票据等。为了促进中小企业对现有金融体系的利用,缓解中小企业融资困境,美国政府专门制定了《小企业法》,并建立了小企业管理局及相应的政策、法律支持系统。小企业管理局起担保作用和监管作用。实际上,小企业管理局起到了“最后贷款人”的作用,推动金融机构向小企业融资的重要制度保障。

3. 根据案例中所描述的日本经验,你觉得对解决我国中小企业融资难的问题有何借鉴作用?

案例:在日本,涉及中小企业的法律有三十多部。这些法律为构建中小企业金融体系奠定了基础。

日本中小企业融资体系在政府主导下建立,成立了一系列服务于中小企业融资的政府性金融机构,并相继出台了相关政策。成立了工商组合中央金库,主要向中小企业团体提供贷款;成立了政府全资的金融机构,侧重于为中小企业提供维持生产的小额周转资金贷款；成立了中小企业金融公库，支持重要中小企业；建立了中小企业信用保险协会，对信用担保协会的担保业务进行再保险。为应对经济冲击，日本政府修改了《中小企业现代化促进法》，加强了对中小企业融资的援助。中小企业厅还通过对民间金融机构的指导，使中小企业的资金筹措情况得到改善。这一期间民间金融机构的贷款呈上升趋势。

参考答案

一、单项选择题

1. D　2. A　3. B　4. D　5. A　6. C　7. B　8. A
9. A　10. A　11. D　12. A　13. B　14. B　15. C　16. C
17. A　18. D　19. D　20. A　21. A　22. A　23. A　24. D
25. C　26. B　27. C　28. D　29. D　30. B　31. C　32. D
33. A　34. C　35. B　36. D　37. C　38. A

二、多项选择题

1. AB　2. ACDE　3. ABCDE　4. BCD　5. CDE
6. ABCD　7. AE　8. ABCDE　9. ABCDE　10. ABC
11. CD　12. BE　13. BCD　14. ABCDE　15. ADE
16. BCDE　17. ABC　18. ABCDE　19. ABCE　20. BCDE
21. ABCDE　22. ABCDE　23. BDE　24. ADE　25. ABCDE
26. ABCDE　27. BCD　28. BCDE　29. BCDE　30. ADE
31. ABC　32. ACE　33. ABCDE　34. ABCDE　35. ABD
36. BCD　37. BCD　38. AB

三、名词解释

内源融资：是指企业在生产经营过程中从其内部提取或留存资金，以弥补原有投资的不足和扩大再生产。

留利资金融资：提取企业法定盈余公积金和提取公益金等手段来实现企业融资目的。

沉淀资金：实质上就是折旧资金转化为积累资金。

内部集资：指企业为了满足生产经营的需要，向其内部职工（包括管理者）募集资金的行为。

外源融资：是指企业吸收其他经济主体的闲置资金以满足自身资金需求的融资方式。

直接融资：是以股票、债券为主要金融工具的一种融资机制，可通过在证券市场上发行股票、债券和可转换证券等来实现。

间接融资：指拥有暂时闲置货币资金的单位通过存款的形式，或者购买银行、信托、保险等金融机构发行的有价证券，将其暂时闲置的资金先行提供给这些金融中介机构，然后再由这些金融机构以贷款、贴现等形式，或通过购买需要资金的单位发行的有价证券，把资金提供给这些单位使用，从而实现资金融通的过程。

经济环境：是指企业进行理财活动的宏观经济状况，在经济增长较快时期，企业需要通过负债或增发股票方式筹集大量资金，以分享经济发展的成果。

中小企业信用保险制度：是指在信用保证协会为中小企业的债务提供保证的情况下，信用保证协会与中小企业信用保险公库之间签订一份保险合同，当中小企业无力偿还债务时，信用保证协会将代替中小企业清偿债务。

四、简答题

1. 优点：(1) 能最大限度地吸收社会游资，直接投资于企业生产经营之中，因此筹集速度快、筹资数额大、资金使用时间长；(2) 资金供求双方联系紧密，有利于资金快速合理配置和使用效率的提高；(3) 筹资的成本较低而投资收益较大。缺点：(1) 直接融资双方在资金数量、期限、利率等方面受到的限制较多；(2) 直接融资使用的金融工具其流通性较间接融资的要弱，兑现能力较低；(3) 直接融资的风险较大。

2. 间接融资的主要特征：(1) 间接性；(2) 相对集中性；(3) 信誉差异性较小；(4) 全部具有可逆性；(5) 融资的主动权掌握在金融中介手中。

3. 企业在成长期，产品销售收入以及提供劳务产生的现金流量逐渐增长，企业的经营风险逐渐降低，企业要在权益融资和债务融资中做好选择。(1) 在企业逐步成长期，由于投资机会的增多、投资规模的扩大，应主要选择一些诸如认股权证、可转换公司债券等低成本和高弹性的混合权益证券融资、股权融资和内部盈余。(2) 在成长期的稳步发展阶段，随着企业评估等级的建立、信誉的提高、国家一些优惠政策的实施，考虑最佳融资结构和财务杠杆效应，除利用内部结余和股权融资外，企业应更多地选择长期借款、短期借款、发行债券和商业信用等负债融资，以扩大资金来源渠道，降低资本成本。

4. 中小企业融资困难外部成因有：从政策层面上看，我国尚未形成完整的扶持中小企业政策发展的政策体系；多层次的资本市场体系尚不健全；缺乏完善的信用担保机制；法律法规与管理机构不健全，缺乏政策支持；各地区广泛存在着非正规金融的抑制效应。

5. 中小企业融资困境内部成因有：首先，中小企业融资困境有着深层次的内部原因，那就是企业信用文化的缺失；其次，中小企业抵押式担保能力不足；最后，中小企业一般往往规模小，盈利能力差，经营风险高。

6. 日本中小企业融资模式的特点：(1) 以政府为主导；(2) 得到政府扶持的日本民间金融机构；(3) 信用保证协会制度；(4) 中小企业信用保险制度。

7. 畅通我国中小企业融资渠道：(1) 全面落实支持小企业发展的金融政策；(2) 加强和改善对中小企业的金融服务；(3) 进一步拓宽中小企业融资渠道；(4) 发挥信用信息服务在中小企业融资中的作用；(5) 建立多层次的资本市场体系；(6) 建立健全中小企业的信用评价及担保体系。

五、论述题

1. 答案要点：在市场经济中，企业一般通过两种渠道获取资金，内源融资和外源融资。内源融资又可分为留利资金融资、沉淀资金、内部集资等形式。外源融资是指企业吸收其他经济主体的闲置资金以满足自身资金需求的融资方式。外源融资按照是否经过银行等金融中介机构进行融资又可以分为直接融资、间接融资。

2. 答案要点：(1) 考虑宏观经济环境的影响；(2) 考虑企业所处行业的竞争程度；(3) 考虑利率、税率的变动；(4) 考虑融资方式的成本和风险；(5) 考虑企业自身的盈利能力及发展前景；(6) 考虑企业的资产结构和资本结构；(7) 考虑企业的控制权。

3. 答案要点：(1) 内部成因：首先，中小企业融资困境有着深层次的内部原因，那就是企业信用文化的缺失；其次，中小企业抵押式担保能力不足；最后，中小企业一般规模小，盈利能力差，经营风险高。(2) 外部成因：我国尚未形成完整的扶持中小企业政策发展的政策体系；多层次的资本市场体系尚不健全；缺乏完善的信用担保机制；法律法规与管理机构不健全，缺乏政策支持；各地区广泛存在着非正规金融的抑制效应。

4. 答案要点：(1) 法律体系方面：欧盟各成员则十分注重建立和完善中小企业及其融资的法律体系。(2) 金融服务体系方面：专门设立了为中小企业提供融资服务的政策性银行。(3) 信用担保体系方面：通过欧洲投资基金为中小企业提供融资担保。(4) 风险投资基金方面：建立了"欧洲技术便捷启动基金"。(5) 资本市场利用方面：成立伦敦证券交易所另类投资市场。

5. 答案要点：(1) 政府和社会层面：全面落实支持小企业发展的金融政策；加强和改善对中小企业的金融服务；进一步拓宽中小企业融资渠道；发挥信用信息服务在中小企业融资中的作用；

建立多层次的资本市场体系；建立健全中小企业的信用评价及担保体系。

(2) 企业层面：提高中小企业整体素质，增强其内在融资能力；中小企业要逐步提高自身积累能力，增强资金积累意识；中小企业应加强内部管理，提高信息的透明度，塑造良好的企业形象。

六、案例分析

1. 答案要点：(1) 企业融资面临的问题：在我国资本市场制度建设趋向不断完善的情况下，企业股权再融资的门槛会提高，再融资成本会增加。(2) 选择融资方式的原则：遵循先"内部融资"后"外部融资"的原则；结合企业内外部情况，选择合适的融资方式。

2. 答案要点：(1) 我国中小企业融资现状：融资能力低；融资渠道狭窄单一；获得银行贷款难；股权融资受多种因素制约；债权融资难以拓展；在一定程度上依赖非正规金融借贷渠道；结构性矛盾突出。(2) 启示：我国政府应该全面落实支持小企业发展的金融政策；加强和改善对中小企业的金融服务；进一步拓宽中小企业融资渠道；发挥信用信息服务在中小企业融资中的作用；建立多层次的资本市场体系；建立健全中小企业的信用评价及担保体系。

3. 答案要点：(1) 以政府为主导，由政府出资并按计划组建政策性金融机构是纠正市场失灵并加速市场经济发展进程的客观要求；(2) 政府扶持民间金融机构；(3) 信用保证协会制度；(4) 中小企业信用保险制度。

第4章 中小企业人力资源管理战略

考核内容

通过本章的学习，应该掌握人力资源管理战略规划的概念、主要任务、内容、含义，以及企业不同发展阶段的人力资源管理战略；员工招聘以及招聘渠道的选择与方法；中小企业员工培训与开发的内涵、原则，企业属性与员工培训，以及员工培训与开发的实施；薪酬的概念、构成，中小企业薪酬管理战略模式，战略薪酬性管理的概念、意义和实施。

一、中小企业人力资源战略规划

从历史发展来看，人力资源管理理论和实践经历了两次重要的转变：一是从人事管理到人力资源管理的转变；二是从人力资源管理到战略人力资源管理的转变。

（一）人力资源管理战略规划的含义

人力资源战略规划是组织为了在未来一个相当长的时间内获得并保持竞争和发展优势，针对市场环境的变化带来的一系列人力资源管理问题，在高层决策者指导下由全体员工共同参与、制订和实施的关于人力资源管理的方向性调整和行动方案。

人力资源战略规划按期限的长短，可以分为短期规划、中期规划和长期规划。

（1）短期规划是指时间跨度在1年左右的战略规划。

（2）中期规划是指时间跨度为3～5年的规划。

（3）长期规划是指时间跨度超过5年的具有战略意义的规划。

（二）制定和实施人力资源战略规划的意义

（1）人力资源战略规划是企业实施经营战略总规划的核心内容。

（2）人力资源战略规划是企业进行组织经营管理的重要依据。

（3）人力资源战略规划对提高企业经济效益、合理配置人力资源起着重要作用。

（4）人力资源战略规划有助于发挥挖掘人力资源个体的潜在能力，并充分调动员工的积极性。

二、企业不同发展阶段的人力资源管理战略

（一）创建阶段

这一阶段企业人力资源管理的主要特点是：

（1）企业由于缺乏知名度和实力，其发展与绩效主要依靠关键人才特别是企业创业者的个人能力和创业激情。所以企业人员需要数量少，但质量要求很高，最好能独当一面。

（2）人力资源管理工作处于起步阶段，缺乏实际经验，工作量不大，但工作难度很大，因为其关键人才的选拔直接关系着企业经营的成败。

（3）企业尚未建立起规范的人力资源管理体系，企业主要创业者直接参与企业人力资源管理的主要工作。

企业人力资源战略的核心是：

（1）吸引和获取企业所需的关键人才，满足企业发展需要。

（2）制定鼓励关键人才创业的激励措施和办法，充分发挥关键人才的作用，加速企业发展。

（3）发现和培养核心人才，为企业的未来发展奠定人才基础。

（二）成长阶段

主要特点：

（1）企业对人力资源数量的需求不断增长，不但要得多而且要得急。

（2）企业对员工素质有更高的要求，不但要求拿来就能用，而且要求上手快。

（3）创业初期主要靠企业关键人员的个人能力维持企业运行的粗放型管理已经不再适应企业发展，需要更有效率的规范化管理来促进企业发展。

在成长阶段，为实现企业战略，企业人力资源战略的重点是：

（1）进行人力资源需求预测，制定人力资源规划，确保企业快速发展对人力资源数量和质量的需要。

（2）完善培训、考评和薪酬机制，充分调动全体员工的工作激情，加速企业发展。

（3）建立规范的人力资源管理体系，使企业人力资源管理工作逐步走上法制化的轨道。

（三）成熟阶段

这个阶段，企业人力资源管理的主要特点是：

（1）企业的发展，主要是靠企业的整体实力和规范化的机制，个人在企业中的作用开始下降。

（2）随着时间的推移，企业内部的创新意识开始下降，员工惰性增加，企业活力开始衰退。

（3）由于企业实力和形象达到最佳，企业对一般人员的吸引力很强，外界人员争相进入企业，若处理不好，很可能造成人浮于事的局面。

（4）工作岗位满员，空缺岗位很少，人员晋升困难，对有能力的人吸引力开始下降。

在这个阶段，为应对企业发展战略变化的需要，企业人力资源战略的核心是：

（1）激发创新意识，推动组织变革，保持企业活力。

（2）吸引和留住创新人才，保持企业创新人才基础。

三、我国中小企业人力资源管理战略中存在的问题

（1）人力资源管理缺少明确的发展战略。

（2）人力资源管理对企业健康发展的贡献较小。

（3）人力资源管理者缺乏必备的素质。

（4）对人力资源管理和人才培训的投入不足。

（5）人力资源任用不当、流失严重。

（6）未能充分利用现代网络信息技术。

四、招聘渠道的选择与招聘方法

（一）内部招聘

内部招聘是指通过内部晋升、工作调换、工作轮换、人员返聘等方法，从企业内部人力资源储备中选拔合适的人员补充到空缺或新增岗位上的过程。

1. 内部招聘的途径

（1）内部晋升。（2）工作调换。（3）工作轮换。（4）人员返聘。

2. 内部招聘的优缺点

（1）内部招聘的优点：准确性高、适应较快、激励性强、节约经费、内部招聘可以保

持组织的稳定性。

(2) 内部招聘的缺点：制造矛盾、抑制创新、内部招聘容易引发企业管理层的不团结。

(二) 外部招聘

1. 外部招聘的途径

外部招聘的渠道可分为招聘广告、校园招聘、人才中介机构（就业机构、猎头公司）招聘、网络招聘、员工推荐、临时性雇员和海外招聘等。

2. 外部招聘的优缺点

(1) 外部招聘的优点：有利于招聘到一流人才、平息缓和内部竞争者之间的紧张关系、为企业树立良好的形象、规避涟漪效应产生的各种不良反应。

(2) 外部招聘的缺点：筛选难度大、招聘成本高、决策风险大、外聘人员不熟悉企业的情况、影响内部员工的积极性。

五、员工培训与开发

(一) 员工培训与开发的内涵

培训与开发是指组织为了使员工获得或改进与工作有关的知识、技能、动机、态度和行为，所做的有计划的、系统性的各种努力，通过这种努力可以有效地提高员工的工作绩效并激励员工对组织的战略目标作出贡献。

(二) 员工培训与开发的形式

从培训与工作的关系来划分，员工培训与开发的形式主要有在职培训、岗前培训和脱产培训。

按培训目的来划分，员工培训与开发的形式主要分为过渡性教育培训、知识更新培训或转岗培训、提高业务能力培训和专业人才的培训。

按培训对象在公司中的地位划分，其形式还可以是公司经理培训、基层经理培训、专业技术人员培训和一般员工培训等。

(三) 员工培训与开发的原则

培训的战略原则包括两层含义：一是培训要服从或服务于企业的整体发展战略，最终目的是为了实现企业的发展目标；二是以战略眼光去组织企业培训，不能只局限于某一个培训项目或某一项培训需求。具体包括战略原则、长期性原则、学用一致原则、投入产出原则、培训方式和方法多样性原则、全员培训与重点培训相结合。

(四) 培训与开发的实施

员工的培训系统包括培训与开发需求分析、培训目标的设置、培训方法、培训的实施、培训成果的转化及培训评价和回馈等环节。培训需求分析是指了解员工需要参加何种培训的过程，一般包括组织分析、任务分析与个人分析三项内容。

六、薪酬管理战略

（一）薪酬的内涵

薪酬可以分为基本薪酬、可变薪酬和间接薪酬（员工福利和服务）三个部分。

1. 基本薪酬

基本薪酬是根据员工所承担或完成的工作本身或者是员工所具备的完成工作的技能向员工支付的稳定性报酬，是员工收入的主要部分，也是计算其他薪酬性收入的基础。

2. 可变薪酬

可变薪酬是薪酬系统中与绩效直接挂钩的经济性报酬，也称为浮动薪酬或奖金，是在绩效与薪酬之间建立一种直接的联系，奖励那些已经（超标）实现某些绩效标准的员工，或为了激励员工去完成某些预定的绩效目标，而在基本工资的基础上支付的可变的、具有激励性的报酬。

可变薪酬可以划分为短期可变薪酬和长期可变薪酬两种。短期可变薪酬一般是建立在非常具体的绩效目标基础之上的，而长期可变薪酬的目的则在于鼓励员工努力实现跨年度或多年度的绩效目标。

3. 间接薪酬

间接薪酬又称员工福利和服务，一般包括非工作时间付薪、向员工个人及其家庭提供的服务（如儿童看护、家庭理财咨询、工作时间的餐饮服务等）、健康医疗保健、人寿保险以及法定和企业补充养老金等。

间接薪酬有其独特的价值：一是可以合理避税；二是为员工将来的退休生活和一些可能发生的不测事件提供保障；三是可以调整员工购买力。

（二）中小企业实施薪酬战略的难点

第一，中小企业规模小、财力有限，难以以高薪酬、高福利来吸引、留住和激励员工。

第二，中小企业大多缺乏系统的、完善的人力资源管理体系，随意性比较强。

第三，中小企业的地域性强，容易形成排外的企业氛围。

第四，中小企业缺乏良好的企业文化。

（三）战略性薪酬管理

战略性薪酬管理是以企业发展战略为依据，根据企业某一阶段的内部、外部总体情况，正确选择薪酬策略、系统设计薪酬体系并实施动态管理，使之促进企业战略目标实现的活动。

重点和难点

本章需要重点掌握的知识点有：(1) 人力资源战略规划的含义；(2) 员工招聘和培训的内容；(3) 企业不同发展阶段的人力资源管理战略；(4) 我国中小企业人力资源管理战略中存在的问题；(5) 中小企业的薪酬战略；(6) 战略性薪酬战略及其与执行力、竞争力的关系。

同步综合练习题

一、单项选择题

1. 人力资源管理不包括(　　)。
   A. 人员招聘与配置　　B. 专业管理
   C. 薪酬管理　　D. 人力资源规划
2. 短期人力资源战略规划的时间跨度为(　　)。
   A. 1个月　　B. 3个月　　C. 6个月　　D. 12个月
3. 中期人力资源战略规划的时间跨度为(　　)。
   A. 6个月至1年　　B. 1～2年　　C. 2～5年　　D. 3～5年
4. 长期人力资源战略规划的时间跨度为(　　)。
   A. 1年　　B. 3～5年　　C. 5年以上　　D. 7年以上
5. 人力资源管理规划的范围是(　　)。
   A. 战术层次的总体规划和战略层次的分规划
   B. 战略层次的总体规划和战术层次的分规划
   C. 战略层次的总体规划和分规划
   D. 战术层次的总体规划和分规划
6. 根据企业生命周期理论，企业的发展过程可以分为(　　)。
   A. 创建阶段、成熟阶段、衰退阶段和消亡阶段
   B. 创建阶段、成长阶段、成熟阶段和消亡阶段
   C. 创建阶段、发展阶段、成熟阶段和衰退阶段
   D. 创建阶段、成长阶段、成熟阶段和衰退阶段
7. 在成熟阶段，企业人力资源管理的主要特点不包括(　　)。
   A. 企业的发展，主要是靠企业的整体实力和规范化的机制，个人在企业中的作用开始下降
   B. 随着时间的推移，企业内部的创新意识开始下降，企业人心不稳，一般人员严重过剩
   C. 由于企业实力和形象达到最佳，企业对一般人员的吸引力很强，外界人员争相进入企业，若处理不好，很可能造成人浮于事的局面
   D. 各个工作岗位满员，空缺岗位很少，人员晋升困难，对有能力的人吸引力开始下降
8. 员工招聘与配置中的招聘原则不包括(　　)。
   A. 全面、竞争原则　　B. 人才推荐原则
   C. 低成本、高效率原则　　D. 择优录取原则
9. 不属于内部招聘的途径的选项(　　)。
   A. 内部晋升　　B. 人员返聘　　C. 员工推荐　　D. 工作轮换
10. 内部招聘的特点不包括(　　)。
    A. 适应较快　　B. 有利创新　　C. 制造矛盾　　D. 节约经费

11. 以下哪项不属于外部招聘的途径(　　)。
A. 岗位轮换　　B. 招聘广告
C. 校园招聘　　D. 人才中介机构
12. 以下哪项属于外部招聘的优点(　　)。
A. 增强企业的凝聚力　　B. 为企业树立良好的形象
C. 改善企业的人员配置　　D. 提高企业的社会知名度
13. 企业人力资源配置效益的高低影响到(　　)。
A. 人力资源自身开发的程度、企业各类资源整体配置的效益、其他经济资源合理利用的程度
B. 人力资源合理配置的程度、企业各类资源整体配置的效益、其他经济资源合理利用的程度
C. 人力资源自身开发的程度、其他经济资源合理利用的程度、企业各类资源整体配置的效益
D. 人力资源合理配置的程度、其他经济资源合理利用的程度、企业各类资源整体配置的效益
14. 移动配置型具体表现形式大致有(　　)。
A. 晋升、调整和调动　　B. 晋升、降职和调动
C. 安置、调整和辞退　　D. 晋升、降职和辞退
15. 以下哪项不是人力资源的配置分析(　　)。
A. 人与事的总量配置分析　　B. 人与事的结构配置分析
C. 人与事的质量配置分析　　D. 人与事的效率配置分析
16. 从培训与工作的关系来划分，以下哪项不属于员工培训与开发的形式(　　)。
A. 在职培训　　B. 岗前培训　　C. 脱产培训　　D. 借调培训
17. 培训文化的建立非常重要，以下哪项原因是错的(　　)。
A. 是考察组织中培训发展现状的重要标志
B. 是企业发展程度的重要体现方式
C. 是知识经济时代企业文化的重要特征
D. 是企业文化的重要组成部分
18. 员工职业生涯的发展阶段包括(　　)。
A. 初期阶段、成长阶段、成熟阶段、衰退阶段
B. 学习阶段、成长阶段、成熟阶段、衰退阶段
C. 学习阶段、成长阶段、成熟阶段、晚期阶段
D. 初期阶段、成长阶段、成熟阶段、晚期阶段
19. 不属于培训需求分析的内容(　　)。
A. 组织分析　　B. 工作分析　　C. 任务分析　　D. 人员分析
20. 组织分析是要在企业的经营战略下，决定相应的培训，并为其提供可利用的资源及管理以及企业对培训活动的支持。以下哪项不属于组织分析的问题(　　)。
A. 分析管理者和员工对培训活动的支持态度
B. 对企业的培训费用、培训时间及培训相关的专业知识等培训资源的分析

C. 对需要在培训中加以强调的知识、技能和行为进行的分析
D. 对人力资源的数量和质量的需求状况的分析
21. 培训目标一般包括三方面的内容，以下哪项不属于这个范围(　　)。
A. 阐明可被接受的绩效水平　B. 受训者完成指定学习成果的条件
C. 受训者的综合能力有显著提升　D. 说明员工应该做什么
22. 以下哪项不属于确定标准时应把握的原则(　　)。
A. 评估标准的各部分应构成一个完整的整体
B. 各标准之间要相互衔接
C. 各标准之间要相互协调
D. 各标准之间要有互补性
23. 进行培训评估时应对培训目标、方案设计、场地设施、教材选择、教学的管理以及培训者的整体素质等方面进行评估。不属于培训评估内容的是(　　)。
A. 评估培训者　B. 评估培训小组
C. 评估受训者　D. 评估培训项目本身
24. 按宽口径的界定，薪酬等同于(　　)。
A. 报酬　B. 工资和福利
C. 货币型薪资　D. 实物性薪资
25. 按中口径的界定，薪酬等同于(　　)。
A. 报酬　B. 工资和福利
C. 货币型薪资　D. 实物性薪资
26. 按窄口径的界定，薪酬等同于(　　)。
A. 报酬　B. 工资和福利
C. 货币型薪资　D. 实物性薪资
27. 下列哪一项不是薪酬的构成部分(　　)。
A. 基本薪酬　B. 可变薪酬　C. 直接薪酬　D. 间接薪酬
28. 下列属于可变薪酬的是(　　)。
A. 绩效工资　B. 津贴　C. 股票期权　D. 福利
29. 间接薪酬的独特价值有(　　)。
A. 合理避税　B. 提供保障
C. 调整员工购买力　D. 以上都是
30. 以下哪个选项不是战略性薪酬管理的意义(　　)。
A. 企业应对内部结构变化的需要　B. 企业应对外部环境变化的需要
C. 企业适应深化改革的需要　D. 企业加强科学管理的需要
31. 以下哪个选项不是企业改革主要强调的重新组合的方面(　　)。
A. 资产与债务　B. 债务与股权
C. 业务与业绩　D. 机构、人员与利益关系
32. 科学管理制度的有机组成部分为(　　)。
A. 战略决策管理制度　B. 技术研发管理制度
C. 战略性薪酬管理制度　D. 新型用人管理制度

33. 将薪酬管理与执行力衔接主要是解决以下哪个关系问题(　　)。
A. 薪酬确定与人员管理　　B. 薪酬确定与岗位优化
C. 薪酬发放与完成绩效　　D. 薪酬发放与业务监督
34. 以下哪项不是选择薪酬策略需要充分考虑的因素(　　)。
A. 环节因素　　B. 资源因素　　C. 执行力因素　　D. 竞争力因素

二、多项选择题

1. 人力资源管理包括(　　)。
A. 人员招聘与配置　　B. 专业管理
C. 薪酬管理　　D. 人力资源规划
E. 培训与引导
2. 对人力资源管理的众多问题进行了广泛的研究，将人事管理理论和实践推进到一个全新的发展阶段——人力资源管理阶段的人物有(　　)。
A. 德鲁克　　B. 巴克　　C. 斯密　　D. 迈勒斯
E. 熊彼特
3. 从历史发展来看，以下哪些是人力资源管理理论和实践经历的重要转变(　　)。
A. 从人事管理到人本主义管理
B. 从人事管理到人力资源管理
C. 从人本主义管理到人力资源管理
D. 从人力资源管理到战略人力资源管理
E. 从战略人力资源管理到全面人力资源管理
4. 人力资源战略规划按期限的长短，可以分为(　　)。
A. 临时规划　　B. 短期规划　　C. 中期规划　　D. 中长期规划
E. 长期规划
5. 制定人力资源战略规划分以下哪几个阶段(　　)。
A. 准备阶段　　B. 筹备阶段　　C. 启动阶段　　D. 讨论阶段
E. 确定方案阶段
6. 制定科学的人力资源战略规划，其作用包括(　　)。
A. 合理利用人力资源　　B. 增强企业资金流转
C. 提高企业劳动效率　　D. 降低人工成本
E. 增加企业经济效益
7. 人力资源的参与程度在很大程度上决定了企业竞争战略的成功与否。制定科学的人力资源战略规划，其重要意义主要体现在(　　)。
A. 人力资源战略规划是企业进行组织经营管理的重要依据
B. 人力资源战略规划有助于发挥挖掘人力资源个体的潜在能力，并充分调动员工的积极性
C. 人力资源战略规划对提高企业的劳动生产率起着重要作用
D. 人力资源战略规划是企业实施经营战略总规划的核心内容
E. 人力资源战略规划对提高企业经济效益、合理配置人力资源起着重要作用

8. 为使企业稳步渡过创业期，企业人力资源战略的核心是(　　)。
   A. 发现和培养核心人才，为企业的未来发展奠定人才基础
   B. 制定鼓励关键人才创业的激励措施和办法，充分发挥关键人才的作用，加速企业发展
   C. 建立规范的人力资源管理体系
   D. 吸引和获取企业所需的关键人才，满足企业发展需要
   E. 完善培训、考评和薪酬机制，充分调动全体员工的工作热情
9. 人力资源管理对企业健康发展的贡献较小主要是指哪些方面(　　)。
   A. 企业长远的发展　　B. 员工绩效
   C. 人才引进　　D. 企业效益
   E. 企业整体竞争力
10. 以下哪些问题会造成中小企业人力资源严重流失(　　)。
   A. 人力资源配置不当　　B. 绩效考核体系
   C. 激励机制存在缺陷不公正　　D. 员工报偿制度
   E. 人力资源规划与企业发展战略不相适应
11. 招聘工作中，最重要的任务是让最适合的人在最恰当的时间到其最合适的岗位工作，为组织作出最大的贡献。有效招聘包括四个要点(　　)。
   A. 申请者、职位的匹配　　B. 申请者、组织的匹配
   C. 组织者、结果的匹配　　D. 职位、组织的匹配
   E. 时间、方式、结果的匹配
12. 员工招聘与配置中的招聘原则不包括(　　)。
   A. 全面、竞争原则　　B. 人才推荐原则
   C. 低成本、高效率原则　　D. 经验优先原则
   E. 择优录取原则
13. 以下哪些是内部招聘的途径(　　)。
   A. 内部晋升　　B. 人员返聘　　C. 员工推荐　　D. 工作轮换
   E. 工作调换
14. 内部招聘的优缺点包括(　　)。
   A. 准确性高和适应较快　　B. 节约经费
   C. 制造矛盾和抑制创新　　D. 保持组织的稳定性
   E. 为企业树立良好的形象
15. 外部招聘的特点不包括(　　)。
   A. 为企业树立良好的形象　　B. 决策风险大
   C. 招聘成本低　　D. 有利于招聘到一流人才
   E. 提高内部员工的积极性
16. 人力资源配置的基本原则包括以下哪些内容(　　)。
   A. 优势定位原则　　B. 动态调节原则
   C. 能级对应原则　　D. 内部为主原则
   E. 竞争上岗原则

17. 优势定位原则是人力资源配置的基本原则之一，以下哪些内容属于优势定位（　　）。
A. 职员培养自身的核心竞争力
B. 企业管理者发挥“培训师”的功能，提升职员的技能
C. 管理者提高自身的核心竞争力
D. 人自身应根据自己的优势和岗位的要求，选择最有利于发挥自己优势的岗位
E. 管理者也应据此将人安置到最有利于发挥其优势的岗位上
18. 人力资源配置的形式包括哪些内容(　　)。
A. 移动配置型　　B. 双向选择型
C. 流动配置型　　D. 人岗关系型
E. 调整配置型
19. 流动配置型是一种从员工相对企业岗位的流动进行配置的类型。其具体形式有(　　)。
A. 轮换　　B. 安置　　C. 调整　　D. 双向选择
E. 辞退
20. 人力资源管理的根本任务包括(　　)。
A. 合理配置和使用人力资源　　B. 提高人力资源投入与产出比例
C. 人尽其才，才尽其用　　D. 提高人力资源实际使用率
E. 降低人力资源实际浪费的可能性
21. 过分追求人才的“高消费”，其负面效应包括(　　)。
A. 文凭低、实用性强的人才被扼杀
B. “高不成”与“低不就”会增加人力成本
C. 可能造成内部人员之间的负面心理和不安稳情绪
D. 人才能级配置不合理
E. 高才低用的浪费
22. 按培训目的来划分，员工培训与开发的形式主要分为(　　)。
A. 综合素质提高的培训　　B. 知识更新培训或转岗培训
C. 提高业务能力培训　　D. 专业人才的培训
E. 过渡性教育培训
23. 按培训对象在公司中的地位划分，其形式可以是(　　)。
A. 公司经理培训　　B. 基层经理培训
C. 高端人才培训　　D. 专业技术人员培训
E. 一般员工培训
24. 员工培训与开发遵循的原则有(　　)。
A. 长期性原则　　B. 战略原则
C. 学用一致原则　　D. 培训方式和方法多样性原则
E. 全员培训与重点培训相结合
25. 随着中国加入 WTO，中国经济也以前所未有的速度与世界经济融为一体。许多企业将目光投向国际市场，因此，对于外派人员的培训就显得迫在眉睫。外派培训的

内容包括(　　)。

A. 语言与跨文化交流培训　　B. 技术、业务及管理能力培训

C. 文化敏感性和适应性培训　　D. 市场竞争能力培训

E. 进行新增知识的培训

26. 大型企业由于其经费相对雄厚，除了要保证培训费用外，重点应在完善和规范员工培训系统上下功夫，建立起保证培训有效性的各项制度，包括(　　)。

A. 时间保证制度　　B. 培训奖惩和激励制度

C. 培训考评制度　　D. 培训档案管理制度

E. 效果跟踪制度

27. 员工职业生涯的发展阶段包括(　　)。

A. 初期阶段　　B. 学习阶段　　C. 成长阶段　　D. 成熟阶段

E. 晚期阶段

28. 在成长阶段，企业满足员工发展与学习的需要有几种途径(　　)。

A. 进行工作轮换

B. 为有效满足员工自我实现需要而晋升其职位

C. 帮助企业人才建立职业生涯发展计划和目标

D. 提供更高层次的受教育的机会

E. 对人才进行“充电式”培训

29. 有效的培训系统是员工培训的重要保障，员工的培训系统包括(　　)。

A. 培训与开发需求分析　　B. 培训目标的设置

C. 培训成果的转化　　D. 培训评价和回馈

E. 培训方法与培训的实施

30. 有效的培训系统是员工培训的重要保障，员工的培训系统包括(　　)。

A. 培训与开发需求分析　　B. 培训目标的设置

C. 培训成果的转化　　D. 培训方法

E. 培训的实施

31. 培训的需求分析包括(　　)。

A. 组织分析　　B. 工作分析　　C. 任务分析　　D. 人员分析

E. 报告分析

32. 任务分析是组织分析的重要内容之一，其主要任务包括(　　)。

A. 任务确定　　B. 任务反馈

C. 对需要在培训中加以强调的知识、技能和行为进行的分析

D. 任务执行　　E. 任务报告

33. 培训目标确定应把握的原则(　　)。

A. 使每项任务均有一项工作表现目标，具有可操作性

B. 目标应符合企业的发展目标

C. 目标应针对具体的工作任务

D. 目标应满足其自身的发展需要

E. 目标应保证培训的效果与质量

34. 培训实施是员工培训系统关键的环节。在实施员工培训时，培训者要完成许多具体的工作任务。要保证培训的效果与质量，必须把握以下几个方面(　　)。

A. 选择和准备培训场所　　B. 课程描述和课程计划

C. 选择培训教师　　D. 选择培训教材

E. 确定培训时间

35. 为评估培训项目，必须明确根据什么来判断项目是否有效，即确立培训的结果或标准，培训结果可以划分为(　　)。

A. 效果　　B. 认知结果　　C. 技能结果　　D. 情感结果

E. 投资净收益

36. 评估标准通常由评估内容、具体指标等构成。制定标准的具体措施步骤分为(　　)。

A. 对评估目标进行分解　　B. 拟定具体标准

C. 执行具体标准　　D. 组织有关人员讨论、审议征求意见加以确定

E. 试行与修订

37. 企业可以采用不同的评估设计来对培训项目进行评估，其方法(　　)。

A. 小组培训前和培训后的比较　　B. 参训者的预先测验

C. 培训后测试　　D. 界面数据分析

E. 时间序列分析

38. 中小企业实施薪酬战略的难点有(　　)。

A. 难以以高薪酬、高福利来吸引、留住和激励员工

B. 中小企业大多缺乏系统的、完善的人力资源管理体系，随意性比较强

C. 中小企业的地域性强，容易形成排外的企业氛围

D. 中小企业得到的政策支持少

E. 中小企业缺乏良好的企业文化

39. 战略性薪酬管理的内容包括以下哪几项(　　)。

A. 薪酬策略　　B. 薪酬制度　　C. 薪酬结构　　D. 薪酬水平

E. 薪酬关系

40. 战略性薪酬管理对薪酬分配进行计划、设计实施和控制，其主线是调动全体人员的(　　)。

A. 积极性　　B. 可行性　　C. 主动性　　D. 灵活性

E. 创造性

41. 以下哪项是有针对性地调整改进薪酬制度以增强执行力的方式(　　)。

A. 将薪酬系统的有关组成部分与执行力系统的激励系统对接

B. 根据执行力系统的需要确定薪酬管理的重点

C. 采取薪酬激励措施提升知识力、开发创新力

D. 分析问题相关人员及其薪酬分配制度等，找出影响执行力的原因并考虑解决问题的方法

E. 解决相关薪酬分配问题，增强执行力

42. 通过战略性薪酬管理提升竞争力的重点在于(　　)。

A. 关注并解决中长期薪酬激励问题

B. 关注劳动效率、劳动成果和实际贡献

C. 关注物化劳动形态以及流动形态

D. 关注企业全体人员知识、技能的提高、潜能的开发和创造性的调动

E. 关注潜在的劳动形态和流动的劳动形态

三、名词解释

人力资源战略规划　员工招聘　公平公开原则　内部招聘　工作调换　动态原则　培训与开发　组织分析　评估结果的转移　基本薪酬　可变薪酬　间接薪酬　战略性薪酬管理　执行力

四、简答题

1. 我国中小企业人力资源管理战略中易出现哪些问题?
2. 员工招聘的渠道有哪些?其招聘方法有哪些?
3. 外部招聘的优点是什么?
4. 论述内部招聘的优缺点。
5. 简述企业人力资源有效合理配置的原则。
6. 组织分析需要分析的问题是什么?
7. 简述中小企业实施薪酬战略的难点。
8. 简述战略性薪酬管理的意义。

五、论述题

1. 人力资源管理战略规划的主要任务。
2. 制定和实施人力资源管理战略规划具有什么意义?
3. 简述企业各阶段人力资源管理的主要特点。
4. 论述企业不同发展阶段的人力资源管理战略核心。
5. 在员工职业生涯不同发展阶段,企业的培训任务有何不同?

六、案例分析

1. 结合以下案例,公司人力资源的获取方式有哪些?各有哪些利弊?

案例:ABC有限公司是一家大型跨国公司。随着业务量的扩大,ABC公司却陷入烦恼之中。公司准备投资一项新业务,需要招聘一位能干并且认同本公司企业文化的事业部经理,但是几位高层管理者在事业部总经理的人选上产生了很大的分歧。

一部分人认为应该从公司内部进行选拔,这样可以降低招聘成本并且提高招聘效率,而且经过长期磨合,员工与企业形成趋同的价值观,相互比较信任,员工已经融入企业文化之中,对组织的忠诚度高。因此,内部选拔的风险较小,信度比较高,他们极力推荐公司内部的得力干将小王。

另一部分人认为,外部人才挑选的余地要比企业内部大得多。可以招聘更多优秀人才,

同时外部招聘是一种有效的与外部信息交流的方式，企业可借机树立良好的外部形象。新员工可以给企业带来不同的经验、理念、方法以及新的资源。他们推荐选择熟悉该业务的外部人才小李。大家各执己见，谁也不能说服对方。

2. 结合以下案例，分析该公司的岗位分析的结果为什么会成为一堆过时的文档？规避这种工作浪费的方法有哪些？

案例：A公司是一家初具规模的民营企业，目前处于成长期，员工人数达到100人，去年人均利润额达到10万元，高于市场平均水平。公司老总很重视公司的人才管理工作，要求人力资源管理部门从岗位分析入手，制定出一套完整的人力资源管理制度。

经过两个月的紧张工作，工作岗位说明制作完毕。该说明虽局限于目前的工作内容、职责等，但是老总对其还比较满意。三个月过后，因为市场环境变化，导致原来的工作说明文档不适用了。另外，在岗位分析任务完成之后，公司没有进行相应的人力资源管理模块的重新设置和优化，依然按照原来的制度进行人力资源管理。当所有的岗位分析工作完成后，得到的结果就是一堆过时的文档，老总因此感到困惑，认为岗位分析是多此一举，浪费资源。

3. 结合海尔的案例，论述员工的培训和开发应该遵循何种原则？

案例："海豚式升迁"，是海尔培训的一大特色，海豚是海洋中最聪明的动物之一，它下潜得越深，则跳得越高，"海豚式升迁"就来源于此。"届满要轮流"，是海尔培训技能人才的一大措施。一个人长期从事一种工作会形成固化的思维方式及知识结构，这对以"创新"为核心的企业来说是不利的。目前海尔已制定明确的制度，规定了每个岗位最长的工作年限。"实战方式"也是海尔培训的一大特点。技能培训是海尔培训工作的重点，主要通过案例分析、到现场进行的"即时培训"模式进行。具体来说，是抓住实际工作中随时出现的问题及时在现场进行剖析，以提升员工工作技能并在集团内部的报纸"海尔人"上进行推广这种培训方式已在集团内全面实施。

海尔建立了内部培训教师师资网络、内部培训管理员网络、外部培训网络等，为培养出具有国际水平的管理人才，海尔还专门筹资建立了服务于内部员工的培训基地——海尔大学。

参考答案

一、单项选择题

1. B	2. D	3. D	4. C	5. B	6. D	7. B	8. B
9. C	10. B	11. A	12. B	13. C	14. B	15. D	16. D
17. B	18. D	19. B	20. C	21. C	22. D	23. B	24. A
25. B	26. C	27. C	28. A	29. D	30. A	31. C	32. C
33. C	34. D						

二、多项选择题

1. ACD	2. BD	3. BD	4. BCE	5. CDE
6. ACDE	7. ABDE	8. ABD	9. ABDE	10. ABCDE
11. ABDE	12. BD	13. ABDE	14. ABCD	15. CE
16. ABCD	17. DE	18. ACD	19. BCE	20. AB
21. ABCE	22. BCDE	23. ABDE	24. ABCDE	25. ABCD
26. ABCDE	27. ACDE	28. ABCD	29. ABCDE	30. ABCDE
31. ACD	32. AC	33. ABC	34. ABCDE	35. ABCDE
36. ABDE	37. ABCE	38. ABCE	39. ACDE	40. AE
41. ABDE	42. ADE			

三、名词解释

人力资源战略规划：是组织为了在未来一个相当长的时间内获得并保持竞争和发展优势，针对市场环境的变化带来的一系列人力资源管理问题，在高层决策者指导下由全体员工共同参与、制定和实施的关于人力资源管理的方向性调整和行动方案。

员工招聘：是人力资源管理部门和其他职能部门在实现企业目标时，根据组织总战略和人力资源规划的要求，通过多种渠道和方法，把符合职位要求的人力资源引进组织，以填补空缺岗位的过程。

公平公开原则：公平原则是指一视同仁，不会人为地制造各种不平等的限制条件或各种不平等的优先优惠政策。公开原则是把招聘单位、职位名称、拟招人数、入职资格、招聘方式与流程、内容与时间等信息向全社会进行公布，以实现平等。

内部招聘：是指通过内部晋升、工作调换、工作轮换、人员返聘等方法，从企业内部人力资源储备中选拔合适的人员补充到空缺或新增岗位上的过程。

工作调换：是指当组织中缺少人员的岗位与员工原来的岗位层次相同或略有下降时，把员工调到同层次或下一层次岗位上工作的过程。

动态原则：是指当人员或岗位要求发生变化时，要适时地对人员配备进行调整，以保证始终使合适的人工作在合适的岗位上。

培训与开发：是指组织为了使员工获得或改进与工作有关的知识、技能、动机、态度和行为，所做的有计划的、系统性的各种努力，通过这种努力可以有效地提高员工的工作绩效并说明员工对组织的战略目标作出贡献。

组织分析：是要在企业的经营战略下，决定相应的培训，并为其提供可利用的资源及管理以及企业对培训活动的支持。

评估结果的转移：是指把培训的效果转移到工作实践中去，即工作效率提高多少，这和培训目标息息相关，因此，正确评估结果的转移是最终衡量一次培训是否有效果的关键。

基本薪酬：是根据员工所承担或完成的工作本身或者是员工所具备的完成工作的技能向员工支付的稳定性报酬，是员工收入的主要部分，也是计算其他薪酬性收入的基础。

可变薪酬：是薪酬系统中与绩效直接挂钩的经济性报酬，也称为浮动薪酬或奖金，是在绩效与薪酬之间建立一种直接的联系，奖励那些已经（超标）实现某些绩效标准的员工，或为了激励员工去完成某些预定的绩效目标，而在基本工资的基础上支付的可变的、具有激励性的报酬。

间接薪酬：又称为员工福利和服务，一般包括非工作时间付薪、向员工个人及其家庭提供的服务（如儿童看护、家庭理财咨询、工作时间的餐饮服务等）、健康医疗保健、人寿保险以及法定和企业补充养老金等。

战略性薪酬管理：是以企业发展战略为依据，根据企业某一阶段的内部、外部总体情况，正确选择薪酬策略、系统设计薪酬体系并实施动态管理，使之促进企业战略目标实现的活动。

执行力：是指组织、团队以及员工个人贯彻执行企业战略、实现战略目标的总体能力，即在企业战略指导下，做正确的事，正确地用人，正确地做事，在把事做好的过程中能力的具体体现。

四、简答题

1. 我国中小企业人力资源管理战略中易出现的问题：（1）人力资源管理缺少明确的发展战略；（2）人力资源管理对企业健康发展的贡献较小；（3）人力资源管理者缺乏必备的素质；（4）对人力资源管理和人才培训的投入不足；（5）人力资源任用不当、流失严重；（6）未能充分利用现代网络信息技术。

2. 员工招聘的渠道有内部招聘与外部招聘两种。（1）内部招聘：内部晋升、工作调换、工作轮换、人员返聘等。（2）外部招聘：根据自身发展的需要，向外界发布招聘信息，并对应聘者进行有关的测试、考核、评定及一定时期的试用，综合考虑其各方面条件之后决定企业的聘用对象的常用方式。

3. 外部招聘的优点：（1）有利于招聘到一流人才；（2）平息缓和内部竞争者之间的紧张关系；（3）为企业树立良好的形象；（4）规避涟漪效应产生的各种不良反应。

4. （1）内部招聘优点：准确性高、适应较快、激励性强、节约经费。（2）内部招聘的缺点：制造矛盾、抑制创新、不利于冒险和创新精神的发扬、容易引发企业管理层的不团结。

5. 企业人力资源有效合理配置的原则：（1）能级对应原则；（2）优势定位原则；（3）动态调节原则；（4）内部为主原则。

6. 组织分析需要分析的问题是：（1）从战略发展高度预测企业未来在技术、销售市场及组织结构上可能发生什么变化，对人力资源的数量和质量的需求状况的分析，确定适应企业发展需要的员工能力；（2）分析管理者和员工对培训活动的支持态度；（3）对企业的培训费用、培训时间及培训相关的专业知识等培训资源的分析。

7. 中小企业实施薪酬战略的难点：（1）中小企业规模小、财力有限，难以以高薪酬、高福利来吸引、留住和激励员工；（2）中小企业大多缺乏系统的、完善的人力资源管理体系，随意性比较强；（3）中小企业的地域性强，容易形成排外的企业氛围；（4）中小企业缺乏良好的企业文化。

8. 战略性薪酬管理的意义：（1）战略性薪酬管理是企业应对外部环境变化的需要；（2）战略性薪酬管理是企业适应深化改革的需要；（3）战略性薪酬管理是企业加强科学管理的需要。

五、论述题

1. 答案要点：(1) 启动准备阶段；(2) 讨论评估阶段；(3) 确定方案阶段。

2. 答案要点：(1) 人力资源战略规划是企业实施经营战略总规划的核心内容；(2) 人力资源战略规划是企业进行组织经营管理的重要依据；(3) 人力资源战略规划对提高企业经济效益、合理配置人力资源起着重要作用；(4) 人力资源战略规划有助于发挥挖掘人力资源个体的潜在能力，并充分调动员工的积极性。

3. 答案要点：(1) 创建阶段，企业人员需要数量少，质量要求高；关键人才的选拔；企业主要创业者直接参与企业人力资源管理的主要工作。(2) 成长阶段，人力资源数量的需求增加；对员工素质有更高的要求；规范化管理。(3) 成熟阶段，个人在企业中的作用开始下降；一般人员吸引力很强；员工惰性增加，企业活力开始衰退；工作岗位满员，人员晋升困难；人才吸引力开始下降。(4) 核心人才流失严重，缺乏创造性，官僚风气浓厚，制度繁杂，企业向心力减弱，离心力增强。

4. 答案要点：(1) 创建阶段，吸引和获取企业所需的关键人才；制定鼓励关键人才创业的激励发现和培养核心人才。(2) 成长阶段，进行人力资源需求预测，制定人力资源规划；完善培训、考评和薪酬机制；建立规范的人力资源管理体系。(3) 成熟阶段，激发创新意识，推动组织变革，保持企业活力；吸引和留住创新人才，保持企业创新人才基础。(4) 妥善裁减多余人员，严格控制人工成本，提高组织运行效率；调整企业人力资源政策，吸引并留住关键人才。

5. 答案要点：(1) 在初期阶段，企业的培训任务主要是同化工作。(2) 在成长阶段，对员工成长尤为重要的是提高他们的素质与能力、提供其发展与学习的机会。(3) 在成熟阶段，企业应该本着“缺什么、补什么，用什么、学什么，干什么、会什么”的原则，对人才进行“充电式”培训。(4) 在晚期阶段，对员工成长尤为重要的是保健投资。

六、案例分析

1. 答案要点：对比分析内外部招聘。(1) 内外部招聘的定义；(2) 内外部招聘的途径；(3) 内外部招聘的优缺点。

2. 答案要点：岗位分析的失误根源在于企业战略没有真正落实在岗位分析的过程中。(1) 该公司之所以会出现这样的情况，从表面上看是因为岗位分析的结果落后于市场的变化，已经不适用，但实质上是因为岗位分析的导向只是目前的工作岗位的说明，没有考虑到将来岗位的要求和职责。(2) 本案例岗位分析的另一不足是，当完成岗位分析任务之后，公司没有趁热打铁，进行相应的人力资源管理模块的重新设置和优化，让岗位分析的效果很难显现。(3) 在岗位分析的初期，必须对企业的战略做短期和长期的定位；岗位说明书是一个动态的管理过程，会随着组织结构调整而改变，会随着产品、工艺、设备的改变而改变；企业人力资源管理人员应不断根据企业战略目标来修订，从而达到人力资源的优化管理。

3. 答案要点：(1) 战略原则；(2) 长期性原则；(3) 学用一致原则；(4) 投入产出原则；(5) 培训方式和方法多样性原则；(6) 全员培训与重点培训相结合。

第5章 中小企业技术研发战略

考核内容

通过本章的学习，应该掌握中小企业技术研发战略的基本概念、组成部分、与通用竞争的关系、技术研发战略观，技术研发战略的特征、形成和意义，中小企业技术研发战略的模式，以及制定与实施技术研发战略的主要依据、基本步骤和应注意的问题。

一、企业的技术研发战略管理快速发展的原因

自20世纪末以来，企业的技术研发战略管理已经得到了很大的发展。产生这种发展趋势的基本原因主要有三个方面：第一，经济贸易的全球化，为企业的技术研发活动提供了更为广阔的发展空间；第二，由于现代创新与竞争理论和企业战略理论强调影响企业竞争优势的最重要因素是技术与能力，而研发是获取技术能力和优势的主要途径；第三，源于实践中企业技术研发活动及其能力发展的需要。

二、技术研发战略内涵

（一）技术研发战略的基本含义

战略作为企业未来经营的总体谋划，是企业经营的指导纲领，其内容覆盖了企业经营的各个主要方面，对企业的生存和长期发展都有非常重要的意义。

技术研发战略是指在市场竞争中企业利用独有的技术研发活动，创建一个独特的价值定位，以获取企业核心竞争力的长期、全局的谋划。

在跨国企业中，技术研发战略的基本内容包括：陈述技术使命、预测未来技术、确定核心技术及能力、平衡企业技术业务量、企业内部开发活动及外部合作渠道、勾画技术生命周期、描述对企业内部客户和外部客户需求、知识产权保护等。

（二）技术研发战略的组成部分

企业蓝图是企业对未来的一种意愿的表达，它概括了企业的未来目标、使命及核心价值，可以预见并且可以用语言加以描述。

战略目标是企业研发活动的具体方向，也是企业技术研发活动对内部环境和外部环境变化所作出的恰当反应。

战略指导思想是实现战略目标的基本思路，包括拟采取的基本技术路线、获取技术能力的基本方式、实施战略的基本策略等。

战略环境，企业内外部环境、条件分析是制定企业技术研发战略的前提。企业的外部客观环境，主要包括自然环境、社会环境、经济发展水平、技术进步速度、竞争对手和潜在竞争对手的情况和竞争压力等。内部条件，主要包括企业自身的经济实力、组织运行机制、总体战略对技术研发战略提出的要求、自身技术能力、在同业中所处的地位、技术人员状况以及技术开发能力等。

战略方案是在确定了战略目标及战略指导思想后，为技术研发战略的实施所做的具体安排，即企业的战略行动部署，具体包括选择研发技术、选择技术研发模式、技术研发协作方案、研发成果市场化推广方案。

（三）技术研发战略与通用战略的关系

通用战略是竞争战略的一种重要分类，其概念由迈克尔·波特在其著作《竞争战略》中提出，包含以下三种战略。

1. 总成本领先战略

采用该战略的企业在经验积累的基础上努力降低成本，着重于建立高效率、大规模的生产装备。

总成本领先战略的具体措施包括加强对成本与管理费用的控制，用最小的成本研究开发产品、推广服务、进行市场推销和做广告。为了实现这些目标，企业在降低成本的同时保持企业产品、服务等方面的竞争力，就要求企业管理层保证产品的质量和提供的服务，提高企业经营管理水平等。

2. 差别化战略

差别化战略是一种积极的竞争战略方式，它所建立的防御体系可以有效地应对行业新进入者、现有的竞争者等多种竞争力量，所以它可以帮助企业在一个产业中赢得高水平的收益。差别化战略比总成本领先战略需要更大的投资。

3. 专一化战略

专一化战略是指主攻某一特殊的客户群、或某一产品线的细分区段、某一地区市场的战略。与成本领先战略和差异化战略相比，专一化战略具有为某一特殊目标客户服务的特点。

三、技术研发战略的特征及意义

企业技术研发战略的基本特征：长期性、全局性、层次性、依从性、风险性。

技术研发战略的意义：技术研发战略是企业整体战略的重要组成部分；技术研发战略是对付技术研发不确定性的重要手段；技术研发战略是影响企业长期竞争能力的重要因素；技术研发战略是企业技术研发活动的指南。

四、技术研发的战略模式分类

（一）根据技术研发能力以及技术研发地位分类

领先型技术研发战略（进攻型技术研发战略），是指通过率先开发或利用科技研发成果，开发新的产品，建立和保持在目标技术竞争领域的主导地位，成为该产品市场的领先型研发者。领先型技术研发战略的优势：（1）成为行业领导者，代表行业先锋技术；（2）率先建立垄断势力，占据有利市场地位；（3）率先制定行业技术标准，提高后来者进入门槛；（4）为企业带来高额利润，获得可观收入。领先型技术研发战略的局限：技术开发成本高、市场开拓和引导难度大、技术开发风险高。

跟随型技术研发战略是指企业不进行首创性的技术研发和采用新技术，而是跟随行业中的技术主导企业展开技术研发活动。跟随型技术研发战略的优势：技术开发和市场开发风险低、市场需求易于挖掘、有助于将研发能力集中到生产制造等环节。

模仿型技术研发战略是指企业并不进行自身独立的技术研发活动，而是依靠从企业外部购买技术专利或进行仿制来获得技术能力，并推动自身技术水准的提高。模仿型研发战略具有以下优点：进入门槛低、成本优势明显、经营风险低。

集成型技术研发战略的企业不进行首创性的技术研发活动，而是将现有的产品在技术方面进行整合，由此产生现有技术的某种新应用或新产品，因此集成型技术研发战略要求企业拥有较为强大的技术组合和整合的能力。

（二）根据技术研发主体的不同分类

自主技术研发战略是指在技术研发实力比较雄厚的情况下，技术研发的来源方和技术研发的操作方相互融合的行为。

合作技术研发战略是指企业之间、企业与科研机构之间或与高等院校之间采取联合技术研发的行为。

技术引进战略是指企业自身不进行技术研发的实质性工作，而是通过其他企业或科研机构引进技术并消化吸收这些技术，从而在一个高的起点上提高本企业技术水准的途径。

（三）根据技术研发对象性质差异分类

产品技术研发战略是指企业将技术研发的成果转变为能够在市场上销售的产品，这种产品是最新的或是有显著改进的。

工艺技术研发战略是指在技术研发活动的过程中，企业采用新的或经过重大改进的生产工艺方法，这种战略具体可以表现在生产设备的研发、生产流程的研发等方面。

服务型技术研发战略包括开发新的服务技术、推出新的服务等。服务研发战略一般情况下关注的是高效率、高质量、快速、灵活性。

（四）根据技术研发对象的市场情况分类

蓝海战略就是企业从关注并超越对手，转为向买方提供价值飞跃，开启巨大的潜在需求，重建市场和产业边界。应用到技术研发战略就是指企业的技术研发活动在确定研究方向的时候，着力于挖掘潜在的、在行业内还没有发现的市场。采用该战略的企业在研发技术的同时也创造出新的需求。

红海战略指以已有的市场和消费者为基础制定的长期的经验战略。技术研发红海战略就是指在选择技术研发对象时，以所处行业现有的技术、产品或服务为选择范围进行研发。

五、技术研发战略的制定与实施

（一）技术研发战略制定的主要依据

制定企业技术研发战略的主要依据是：技术、经济环境和社会环境（技术和市场机会）；企业目标和战略；竞争态势和压力；企业的技术能力和条件，等等。

企业技术能力本质上是创造新的技术并把它运用到经济现实中的能力。

当竞争者数量多、进入壁垒高，产品较为成熟，产业增长空间小，市场利益诱惑小，企业可以选择产品研发战略，以向市场提供全新的产品。

当竞争者数量少，进入壁垒高，市场利益诱惑大，产业增长空间大，企业要在竞争中长期获得有利地位，就必须：努力提高企业产品或服务的差异化程度，以形成市场垄断；获得产品或服务方面的专有技术和知识产权，取得主导设计的地位，以形成技术垄断。为此，企业应更多地采用领先型技术研发战略。

(二) 制定技术研发战略的基本步骤

(1) 分析企业外部环境和内部条件。

(2) 确定技术研发战略目标。

(3) 拟订技术研发战略方案。

(4) 实施技术研发战略方案。

(三) 我国企业制定技术研发战略应注意的问题

(1) 模仿型技术研发战略是我国大多数企业的现实选择。

现阶段，模仿型技术研发战略是我国大多数企业的现实选择，其原因如下：模仿是技术发展的必经阶段；资源条件限制了企业技术研发战略的选择空间；模仿研发有利于企业降低风险，提高投资效益。采取模仿研发战略的最终目的是通过消化吸收先进技术来实现技术的进一步改进和研发。企业只有充分认识到模仿性技术研发战略的重要性，才能积极改进和研发新技术以适应国内外市场的需求，形成技术特色，使自己保持长久的竞争实力。

(2) 充分运用我国企业已具备的技术能力和经济实力。

(3) 合理选择实施技术研发战略的时机。

重点和难点

本章需要重点掌握的知识点有：(1) 技术研发战略的含义和分类；(2) 技术研发战略的形成的因素和环境；(3) 技术研发战略的意义；(4) 技术研发战略与通用竞争战略的关系；(5) 技术研发战略制定的主要依据；(6) 制定技术研发战略的基本步骤，应注意的问题。

同步综合练习题

一、单项选择题

1. 技术研发战略管理的主线是(　　)。
A. 竞争优势的提升　　B. 技术战略的贯彻
C. 科研项目的完善　　D. 新型项目的实施

2. 技术研发战略管理的目标是(　　)。
A. 竞争优势的提升　　B. 企业规模的扩大
C. 科研项目的完善　　D. 新型项目的发明

3. 下列哪一选项不属于企业技术研发战略管理发展的基本原因(　　)。
A. 经济贸易的全球化　　B. 企业技术研发能力不足
C. 企业竞争优势的最重要因素是技术与能力
D. 实践中企业技术研发活动及其能力发展的需要

4. 下列哪一选项是企业经营的指导纲领(　　)。
A. 技术　B. 研发　C. 战略　D. 营销

5. 在市场竞争中企业利用独有的技术研发活动，创建一个独特的价值定位，以获取企业核心竞争力的长期、全局的谋划，是指(　　)。
A. 研发核心战略　　B. 市场营销战略
C. 品牌规划战略　　D. 技术研发战略

6. 下列哪一选项不属于技术研发战略的基本内容(　　)。
A. 预测未来技术　　B. 技术开发过程
C. 陈述技术使命　　D. 知识产权保护

7. 下列哪一选项不属于技术研发战略的组成部分(　　)。
A. 企业蓝图　B. 战略目标　C. 战略调整　D. 战略环境

8. 关于企业制定技术研发战略，下列描述不正确的是(　　)。
A. 企业存在普遍适用的技术研发战略
B. 企业技术研发战略应是有目的性和针对性的
C. 企业技术研发战略的制定应考虑企业的战略目标
D. 企业情况千差万别，但技术研发战略设计有共同的特性和内容

9. 下列哪一项不属于长期战略目标(　　)。
A. 长时间　B. 较稳定　C. 前瞻性　D. 较明晰

10. 企业的外部客观环境不包括(　　)。
A. 自然环境　　B. 经济发展水平
C. 技术进步速度　　D. 技术开发能力

11. 企业内部条件不包括(　　)。
A. 技术人员状况　　B. 自身技术能力
C. 技术进步速度　　D. 技术开发能力

12. 下列哪一选项不属于战略环境的内部条件（　　）。
A. 技术进步速度　　B. 组织运行机制
C. 企业自身的经济实力　　D. 在同业中所处的地位
13. 战略方案的内容不包括（　　）。
A. 选择研发技术　　B. 技术处理方案
C. 选择技术研发模式　　D. 技术研发协作方案
14. 下列哪一选项不属于通用战略（　　）。
A. 差别化战略　　B. 专一化战略
C. 技术研发战略　　D. 总成本领先战略
15. 产品研发满足特定顾客群需要，是指（　　）。
A. 差别化战略　　B. 专一化战略
C. 多元化战略　　D. 总成本战略
16. 下列哪一选项不属于企业技术研发战略的基本特征（　　）。
A. 局部性　　B. 长期性　　C. 层次性　　D. 风险性
17. 雅虎在 1997 年已经占有了巨大的市场份额，采取的是哪种战略（　　）。
A. 成本缩减战略　　B. 领先型技术研发战略
C. 集成型技术研发战略　　D. 跟随型技术研发战略
18. 下列哪一选项属于技术研发不确定性（　　）。
A. 市场不确定性和风险不确定性　B. 风险不确定性和产品不确定性
C. 产品不确定性和技术不确定性　D. 市场不确定性和技术不确定性
19. 关于技术研发战略的分类，下列哪一项不是根据技术研发能力以及技术研发地位分类的（　　）。
A. 合作型技术研发战略　　B. 领先型技术研发战略
C. 跟随型技术研发战略　　D. 集成型技术研发战略
20. 关于技术研发战略的分类，下列哪一项不是根据技术研发主体的不同分类的（　　）。
A. 技术引进战略　　B. 合作技术研发战略
C. 工艺技术研发战略　　D. 自主技术研发战略
21. 关于技术研发战略的分类，下列哪一项不是根据技术研发对象性质差异分类的（　　）。
A. 产品技术研发战略　　B. 工艺技术研发战略
C. 模仿型技术研发战略　　D. 服务型技术研发战略
22. 下列哪一选项是领先型技术研发战略的优势（　　）。
A. 市场需求易于挖掘　　B. 进入门槛相对较低
C. 技术开发和市场开发风险低
D. 为企业带来高额利润，获得可观收入
23. 对技术领先型技术研发企业来说，下列哪一项是保持长期市场竞争力的最主要途径（　　）。
A. 技术管理　　B. 技术开发　　C. 技术调整　　D. 技术研发

24. 下列哪一项不是领先型研发战略的缺点（　　）。

A. 管理方式硬化　　B. 技术开发成本高

C. 技术开发风险高　　D. 市场开拓和引导难度大

25. 德国西门子公司之所以能在国际上取得领先地位，是因为它采取了（　　）。

A. 领先型技术研发战略　　B. 跟随型技术研发战略

C. 模仿型技术研发战略　　D. 集成型技术研发战略

26. 当一个行业的主导企业已经开展了技术研发活动，其他企业根据自身的实际情况选择适合自己的技术进行研发或者加以改进和提高技术产品以形成独特的技术优势，是指（　　）。

A. 领先型技术研发战略　　B. 模仿型技术研发战略

C. 跟随型技术研发战略　　D. 集成型技术研发战略

27. 对于有一定研发能力但资金不足、不愿意承担研发风险且规模较小的企业，可以考虑（　　）。

A. 领先型技术研发战略　　B. 模仿型技术研发战略

C. 跟随型技术研发战略　　D. 集成型技术研发战略

28. 下列哪一企业特征不适宜采用跟随型技术研发战略（　　）。

A. 规模较大　　B. 资金不够充足

C. 有一定研发能力　　D. 不愿意承担研发风险

29. 下列哪一项不是跟随型技术研发战略的优势（　　）。

A. 市场需求易于挖掘　　B. 技术开发和市场开发风险低

C. 为企业带来高额利润，获得可观收入

D. 有助于将研发能力集中到生产制造等环节

30. 企业本身并不进行自身独立的技术研发活动，而是依靠从企业外部购买或破解研发者的先进技术进行模仿以使自身的技术水准得以提高，是指（　　）。

A. 领先型技术研发战略　　B. 模仿型技术研发战略

C. 跟随型技术研发战略　　D. 集成型技术研发战略

31. 下列哪一企业特征适宜采用模仿型研发战略（　　）。

A. 规模较大　　B. 企业实力雄厚

C. 企业有一定研发能力　　D. 不具备雄厚的资金和技术优势

32. 下列哪一选项不属于模仿型技术研发战略的优势（　　）。

A. 进入门槛低　　B. 经营风险低

C. 突出产品差异　　D. 成本优势明显

33. 通过组合或综合现有技术或产品服务以形成技术的某种新应用或新的产品，是指（　　）。

A. 领先型技术研发战略　　B. 模仿型技术研发战略

C. 跟随型技术研发战略　　D. 集成型技术研发战略

34. 下列哪一选项不属于技术研发战略制定的主要依据（　　）。

A. 市场机会　　B. 市场竞争态势

C. 企业技术能力　　D. 企业目标与战略

35. 技术研发的力量来自于(　　)。
A. 需求拉动技术研发和技术推动技术研发
B. 技术推动技术研发和企业战略促进研发
C. 企业战略促进研发和资源约束促进研发
D. 资源约束促进研发和需求拉动技术研发
36. 企业拥有技术资源的数量、质量及其对资源管理的能力，是指(　　)。
A. 市场机会　　B. 市场竞争态势
C. 企业技术能力　　D. 企业目标与战略
37. 下列哪一项不属于企业技术能力(　　)。
A. 市场技术能力　　B. 现有技术能力
C. 可挖掘的技术潜力　　D. 可获得的新的技术能力
38. 企业技术能力的本质是(　　)。
A. 创造新产品并运用到经济现实中的能力
B. 创造新技术并运用到经济现实中的能力
C. 创造新需求并运用到经济现实中的能力
D. 创造新方法并运用到经济现实中的能力
39. 下列哪一选项不属于企业技术能力本质的反映(　　)。
A. 创造能力　　B. 技术学习能力
C. 技术检测能力　　D. 技术竞争能力
40. 当竞争者数量多，进入壁垒低，产品较为成熟，产业增长空间较大，企业可以选择(　　)。
A. 以创新为中心的领先型技术研发战略
B. 产品研发战略，以向市场提供全新的产品
C. 以成本为中心的工艺研发战略、模仿型战略或跟随型战略
D. 努力提高产品或服务的差异化程度实施专一化战略
41. 当竞争者数量多，进入壁垒高，产品较为成熟，产业增长空间小，市场利益诱惑小，企业可以选择(　　)。
A. 以创新为中心的领先型技术研发战略
B. 产品技术研发战略，以向市场提供全新的产品
C. 以成本为中心的工艺研发战略、模仿型战略或跟随型战略
D. 努力提高产品或服务的差异化程度实施专一化战略
42. 当竞争者数量少，进入壁垒高，市场利益诱惑大，产业增长空间大，企业要在竞争中长期获得有利地位，企业可以选择(　　)。
A. 领先型技术研发战略　　B. 产品型技术研发战略
C. 模仿型技术研发战略　　D. 跟随型技术研发战略
43. 下列哪一选项不属于拟订技术研发方案的基本过程(　　)。
A. 制订技术研发方案目标　　B. 选择合适的技术研发方案
C. 探索可能的技术研发方案　　D. 比较分析和评价技术研发方案
44. 下列哪一选项不属于技术研发方案的基本内容(　　)。
A. 技术性质、支持体系　　B. 职责划分、组织形式

C. 企业规模、员工人数　　D. 人员素质、培训计划

45. 下列哪一战略是我国大多数企业的现实选择(　　)。

A. 领先型技术研发战略　　B. 模仿型技术研发战略

C. 跟随型技术研发战略　　D. 集成型技术研发战略

二、多项选择题

1. 企业的技术研发战略管理得到很大发展的原因包括(　　)。

A. 经济贸易的全球化　　B. 社会经济环境的改善

C. 企业技术研发能力较弱

D. 现代创新与竞争理论和企业战略理论的推动

E. 实践中企业技术研发活动及其能力发展的需要

2. 技术研发战略的基本内容包括(　　)。

A. 陈述技术使命　　B. 预测未来技术

C. 平衡企业技术业务量　　D. 勾画技术生命周期

E. 确定核心技术及能力

3. 技术研发战略的组成部分包括(　　)。

A. 战略目标　　B. 企业蓝图　　C. 战略环境　　D. 战略方案

E. 战略指导思想

4. 企业蓝图主要包括(　　)。

A. 企业的使命　　B. 企业的未来目标

C. 企业的核心价值　　D. 企业的经营管理

E. 企业的指导思想

5. 长期战略目标的特点是(　　)。

A. 较明晰　　B. 长时间　　C. 较稳定　　D. 系统性

E. 前瞻性

6. 以下有关长期战略目标和短期战略目标的描述正确的是(　　)。

A. 长期战略目标的实施以短期战略目标为基础

B. 短期战略目标的制定以长期战略目标为方向

C. 长期战略目标可以分解成具体的阶段性目标

D. 短期战略目标将在很长时间内发生持续的作用

E. 短期战略目标与长期战略目标相比具有更强的可操作性

7. 制定企业技术研发战略的前提是(　　)。

A. 条件分析　　B. 企业外部环境

C. 企业财务清算　　D. 企业资产评估

E. 企业内部环境

8. 企业的外部客观环境包括(　　)。

A. 自然环境　　B. 竞争压力

C. 技术开发能力　　D. 经济发展水平

E. 技术进步速度

9. 战略环境的内部条件包括(　　)。
A. 技术进步速度　B. 组织运行机制
C. 企业的竞争压力　D. 企业自身的经济实力
E. 在同行业中所处的地位

10. 战略方案主要内容包括(　　)。
A. 技术处理方案　B. 选择研发技术
C. 及时研发协作方案　D. 选择技术研发模式
E. 研发成果市场推广方案

11. 战略实施通常需要注重以下哪些方面(　　)。
A. 资源分配　B. 把握战略时机
C. 设计运行机制　D. 开发人力资源
E. 组织技术研发活动

12. 通用战略包括(　　)。
A. 差别化战略　B. 专一化战略
C. 总成本领先战略　D. 营销推进型战略
E. 市场导向型战略

13. 总成本战略的实施包括(　　)。
A. 广告　B. 推广服务
C. 市场推销　D. 控制成本与管理费用
E. 以最小成本研发产品

14. 关于总成本战略的说法，正确的是(　　)。
A. 产品研发降低制造等方面的成本
B. 产品研发满足特定顾客群的需要
C. 工艺研发降低制造、销售等方面的成本
D. 产品研发提高产品质量或性能
E. 提高订单处理能力及其他执行能力

15. 关于差别化战略的说法，正确的是(　　)。
A. 工艺研发实现更好的质量控制
B. 产品研发满足特定顾客群需要
C. 工艺研发降低制造、销售等方面的成本
D. 产品研发提高产品质量或性能
E. 提高订单处理能力及其他执行能力

16. 关于专一化战略的说法，正确的是(　　)。
A. 工艺研发实现更好的质量控制
B. 产品研发满足特定顾客群需要
C. 工艺研发降低制造、销售等方面的成本
D. 产品研发降低制造等方面的成本
E. 提高订单处理能力及其他执行能力

17. 技术研发战略观包括(　　)。
A. 技术研发战略实证观　　B. 技术研发战略动态能力观
C. 基于竞争的技术研发战略观　　D. 基于效率的技术研发战略观
E. 基于资源的技术研发战略观

18. 从动态能力观的角度，制定实施技术研发战略的重点为(　　)。
A. 企业能够长期持续保持自身优势
B. 企业具备不断保持专长的能力
C. 将自身核心能力作为研发技术的基础
D. 将技术研发战略作为重点融入整体战略
E. 战略管理具备持续更新自身专长的能力

19. 企业技术研发战略的特征包括(　　)。
A. 层次性　　B. 依从性　　C. 长期性　　D. 风险性
E. 全局性

20. 技术研发战略具有风险性，主要取决于(　　)。
A. 技术研发的全局性　　B. 技术研发的不确定性
C. 技术研发战略的长期性　　D. 未来企业发展的多样性
E. 未来市场环境的不确定性

21. 评估技术研发市场的吸引力需要考虑以下哪些因素(　　)。
A. 成本　　B. 竞争
C. 风险　　D. 可接受的价格
E. 潜在市场需求

22. 技术研发的不确定性包括(　　)。
A. 风险不确定性　　B. 产品不确定性
C. 市场不确定性　　D. 技术不确定性
E. 需求不确定性

23. 技术研发战略分类的标准有哪些(　　)。
A. 根据技术研发能力　　B. 根据技术研发地位
C. 根据技术研发主体　　D. 根据技术研发对象性质差异
E. 根据技术研发对象市场情况

24. 根据技术研发能力和技术研发地位划分，技术研发战略包括(　　)。
A. 服务型技术研发战略　　B. 模仿型技术研发战略
C. 跟随型技术研发战略　　D. 集成型技术研发战略
E. 领先型技术研发战略

25. 根据技术研发主体的不同划分，技术研发战略包括(　　)。
A. 技术引进战略　　B. 自主技术研发战略
C. 产品技术研发战略　　D. 合作技术研发战略
E. 工艺技术研发战略

26. 根据技术研发对象性质差异划分，技术研发战略包括(　　)。
A. 产品技术研发战略　　B. 合作技术研发战略

C. 工艺技术研发战略　　D. 服务型技术研发战略
E. 集成型技术研发战略

27. 根据技术研发对象的市场情况划分，技术研发战略包括(　　)。
A. 技术研发蓝海战略　　B. 技术研发黄海战略
C. 技术研发绿海战略　　D. 技术研发红海战略
E. 技术研发青海战略

28. 领先型技术研发战略的优势包括(　　)。
A. 为企业带来高额利润，获得可观收入
B. 成为行业领导者，代表行业先锋技术
C. 率先建立垄断势力，占领有利市场地位
D. 有助于将研发能力集中到生产制造等环节
E. 率先制定行业技术标准，提高后来者进入门槛

29. 领先型技术研发战略的实施应满足(　　)。
A. 雄厚的资金、技术实力　　B. 有独立研究开发的核心技术
C. 营销、服务等部门及时、有效的运作
D. 企业有明确的知识产权保护意识及保护措施
E. 具有长期积累的相关产业技术领域的经验和知识

30. 采用领先型研发战略的局限性包括(　　)。
A. 技术开发风险高　　B. 技术开发成本高
C. 市场引导难度大　　D. 市场开拓难度大
E. 注重对技术研发的投入

31. 对于领先型技术研发的企业面临的主要风险为(　　)。
A. 技术开发过程中存在较高的风险
B. 技术开发过程成本高但收益不确定
C. 在技术开发过程中市场引导难度大
D. 研发成果能否成功实现商业化不确定
E. 技术研发的结果具有较大的不确定性

32. 采用跟随型研发战略的企业特征包括(　　)。
A. 规模较小　　B. 生产率低
C. 资金不够充足　　D. 有一定研发能力
E. 不愿意承担研发风险

33. 采用跟随型技术研发战略的优势包括(　　)。
A. 提高后来者进入门槛　　B. 为企业带来高额利润
C. 市场需求易于挖掘　　D. 技术开发和市场开发风险低
E. 有助于将研发能力集中到生产制造等环节

34. 在跟随型技术研发战略的实施过程中应注意(　　)。
A. 突出产品差异　　B. 把握跟随研发时机
C. 管理方式应不断调整　　D. 注重对技术研发的投入
E. 市场开拓和引导难度大

35. 采用模仿型研发战略的优势包括（　　）。

A. 进入门槛低　　B. 经营风险低

C. 突出产品差异　　D. 成本优势明显

E. 成为行业领导者

36. 制定技术研发战略的主要依据包括（　　）。

A. 市场机会　　B. 企业技术能力

C. 市场竞争态势　　D. 企业目标与战略

E. 市场条件、技术和社会环境

37. 技术研发的两种基本力量分别是（　　）。

A. 供给拉动技术研发　　B. 需求拉动技术研发

C. 资源约束促进研发　　D. 战略目标促进研发

E. 技术推动技术研发

38. 企业技术能力的层次包括（　　）。

A. 现有技术能力　　B. 市场技术能力

C. 可挖掘的技术潜力　　D. 竞争对手技术能力

E. 可获得的新的技术能力

39. 企业获取新的技术能力的途径包括（　　）。

A. 自主研发　　B. 新技术的引进

C. 技术硬件的投资　　D. 人力资源的引入

E. 合作、联合、兼并

40. 企业技术能力的本质反映（　　）。

A. 创造能力　　B. 技术创新能力

C. 技术竞争能力　　D. 技术检测能力

E. 技术学习能力

41. 技术研发方案拟订的基本过程为（　　）。

A. 制订技术研发方案目标　　B. 实施既定的技术研发方案

C. 选择合适的技术研发方案　　D. 探索可能的技术研发方案

E. 比较分析和评价技术研发方案

42. 技术研发方案的具体内容包括（　　）。

A. 人员素质、培训　　B. 技术性质、重点

C. 性质、数量、实践　　D. 职责划分、组织形式

E. 人力、物力、财力情况

43. 技术研发战略方案的实施步骤为（　　）。

A. 制定相应的分目标

B. 加强高层管理者的领导

C. 充分调动技术研发人员的积极性

D. 对研发活动进行及时适当的控制

E. 根据分目标确定分步战略和行动计划

44. 我国企业制定技术研发战略应注意(　　)。
　　A. 获取其他企业的研发成果　　B. 保护自己的技术研发成果
　　C. 选择实施技术研发战略的时机　D. 我国企业已具备一定的技术能力和经济实力
　　E. 模仿型技术研发战略是我国大多数企业的现实选择
45. 模仿型技术研发战略是我国大多数企业的现实选择，其原因包括(　　)。
　　A. 模仿是技术发展的必经阶段
　　B. 有助于将研发能力集中到生产制造等环节
　　C. 资源条件限制了企业技术研发战略的选择空间
　　D. 模仿研发有利于企业降低风险，提高投资效益
　　E. 模仿型技术研发战略无需承担技术研发失败的风险

三、名词解释

战略　技术研发战略　企业蓝图　战略目标　战略方案　领先型技术研发战略　跟随型技术研发战略　模仿型技术研发战略　集成型技术研发战略　自主技术研发战略　合作技术研发战略　技术引进战略　产品技术研发战略　工艺技术研发战略　服务型技术研发战略　技术研发蓝海战略　技术研发红海战略

四、简答题

1. 试简述在战略实施中应重视的内容。
2. 试简述技术研发战略与通用战略之间的关系。
3. 试简述技术研发战略的特征。
4. 试简述技术研发战略的意义。
5. 试简述领先型技术研发战略的优势及其局限性。
6. 试简述跟随型技术研发战略的优势，以及实施过程中应注意的问题。
7. 试简述模仿型技术研发战略的优势。
8. 试简述采用集成型研发战略的企业取得或保持自己的研发地位的途径。
9. 试简述制定研发战略的基本步骤。

五、论述题

1. 试述技术研发战略的组成部分。
2. 试述技术研发战略观的种类及其含义。
3. 试述技术研发战略的标准分类，及其具体内容。
4. 试述技术研发战略方案的实施步骤。
5. 试述模仿性技术研发战略是我国大多数企业的现实选择。

六、案例分析题

1. 结合下面的案例，试述企业蓝图在整个技术研发战略中的地位和作用，以及其实现的途径。

案例：早在第二次世界大战后，摩托罗拉公司就提出了一个伟大的构想：让每个人都

拥有一部手机，这个构想作为摩托罗拉公司的蓝图，也包括对未来技术研发活动的各种设想。在此后的几十年时间里，摩托罗拉公司正是在这一蓝图的指引下，进行了大量的技术研发活动，生产出体积更小、成本更低、性能更卓越、造型更美观的手机，为在世界范围内手机的普及作出了极其重要的贡献，同时也为摩托罗拉公司带来了世界著名企业的头衔，在经营上获得了前所未有的成功。

2. 结合下面的案例，分析九阳电器有限公司采取的是哪一种通用竞争战略，并简述该战略具有什么样的特点。

案例：20 世纪 90 年代，当许多厂家都在为彩电、冰箱等大型家电市场明争暗斗时，山东济南的九阳电器有限公司却没有选择朝大家电方向发展，而是自我定位于生产专业化厨房小家电产品的企业，将其资金投入豆浆机的研发。自从 1994 年推出第一台家庭用豆浆机以来，不仅发展成为该市场的龙头企业，而且使豆浆机从无到有，开辟了一个新的产业，创造了每年上百万台的市场需求。

3. 结合下面的案例，分析西门子采取了何种技术研发战略模式，试述该模式的优势及局限性。

案例：德国西门子股份有限公司是欧洲最大的电器电子公司，在世界电器制造业领域排名第四位。其主要生产电子和通信产品、能源及工业设备、交通和医疗器械。西门子公司的成功就来源于公司的多项重要发明，包括对金、银电镀的方法，自动断续指针电报机，马来树胶电线，自激式发电机，酒精定量器，有轨电车等。西门子公司保持了这样的技术研发传统，致力于新技术的投入和研发，由此而能够始终保持在国际上的领先地位。西门子的实践再次向世人昭示：创新是企业的生命，唯有创新才能使企业永葆青春。

4. 结合下面的案例，试述世界一流真空管企业由盛到衰的启示，以及选择实施技术研发战略时机的重要性。

案例：在 20 世纪 50 年代中期，当人们开始用晶体管逐渐取代真空管时，世界一流真空管企业都被迫将荣耀的头衔拱手相让，无一幸免。如今在世界巨大的半导体市场中，那些曾经辉煌的企业皆因技术更新不及时而变得微不足道。

参考答案

一、单项选择题

1. B	2. A	3. B	4. C	5. D	6. B	7. C	8. A
9. D	10. D	11. C	12. A	13. B	14. C	15. B	16. A
17. D	18. D	19. A	20. C	21. C	22. D	23. D	24. A
25. A	26. C	27. C	28. A	29. C	30. B	31. D	32. C
33. D	34. B	35. A	36. C	37. A	38. B	39. D	40. C
41. B	42. A	43. A	44. C	45. B			

二、多项选择题

1. ADE	2. ABCDE	3. ABCDE	4. ABC	5. BCE
6. ABCE	7. ABE	8. ABDE	9. BDE	10. BCDE
11. ABCDE	12. ABC	13. ABCDE	14. AC	15. ADE
16. AB	17. ABCE	18. ABE	19. ABCDE	20. BCE
21. ABDE	22. CD	23. ABCDE	24. BCDE	25. ABD
26. ACD	27. AD	28. ABCE	29. ABCDE	30. ABCD
31. DE	32. ACDE	33. CDE	34. ABCD	35. ABD
36. BCDE	37. BE	38. ACE	39. BCDE	40. ADE
41. CDE	42. ABCDE	43. ABCDE	44. CDE	45. ACD

三、名词解释

战略：作为企业未来经营的总体谋划，是企业经营的指导纲领，其内容覆盖了企业经营的各个主要方面，对企业的生存和长期发展都有非常重要的意义。

技术研发战略：是指在市场竞争中企业利用独有的技术研发活动，创建一个独特的价值定位，以获取企业核心竞争力的长期、全局的谋划。

企业蓝图：是企业对未来的一种意愿的表达，它概括了企业的未来目标、使命及核心价值，可以预见并且可以用语言加以描述。

战略目标：是企业研发活动的具体方向，也是企业技术研发活动对内部环境和外部环境变化所作出的恰当反应。

战略方案：是在确定了战略目标及战略指导思想后，为技术研发战略的实施所做的具体安排，即企业的战略行动部署。

领先型技术研发战略：又称为进攻型技术研发战略，它是指企业在其所处的产品或服务领域中具有雄厚的技术实力，建立并通过不断的研发以保持在技术竞争领域的市场主导地位。

跟随型技术研发战略：是指企业不进行首创性的技术研发和采用新技术，而是跟随行业中的技术主导企业展开技术研发活动。

模仿型技术研发战略：是指企业并不进行自身独立的技术研发活动，而是依靠从企业外部购买技术专利或进行仿制来获得技术能力，并推动自身技术水准的提高。

集成型技术研发战略：是指企业不进行首创性的技术研发活动，而是将现有的产品在技术方面进行整合，由此产生现有技术的某种新应用或新产品。

自主技术研发战略：是指在技术研发实力比较雄厚的情况下，技术研发的来源方和技术研发的操作方相互融合的行为。

合作技术研发战略：是指企业之间、企业与科研机构之间或与高等院校之间采取联合技术研发的行为。

技术引进战略：是指企业自身不进行技术研发的实质性工作，而是通过其他企业或科研机构引进技术并消化吸收这些技术，从而在一个高的起点上提高本企业技术水准的途径。

产品技术研发战略：是指企业将技术研发的成果转变为能够在市场上销售的产品，这种产品是最新的或是有显著改进的。产品研发战略强调的是企业对市场需求的把握，并要求企业能够很好的融合技术研发能力与产品的市场需求。

工艺技术研发战略：是指在技术研发活动的过程中，企业采用新的或经过重大改进的生产工艺方法，这种战略具体可以表现在生产设备的研发、生产流程的研发等方面。

服务型技术研发战略：是指企业关注高效率、高质量、快速、灵活性的研发产品。

技术研发蓝海战略：就是企业从关注并超越对手，转为向买方提供价值飞跃，开启巨大的潜在需求，重建市场和产业边界。

技术研发红海战略：指以已有的市场和消费者为基础制定的长期的经验战略。技术研发红海战略就是指在选择技术研发对象时，以所处行业现有的技术、产品或服务为选择范围进行研发。

四、简答题

1. 在战略实施中应重视：(1) 把握战略时机；(2) 资源分配；(3) 开发人力资源；(4) 设计运行机制；(5) 组织技术研发活动。

2. 技术研发战略与通用战略之间的关系。(1) 通用战略包括总成本领先战略、差别化战略和专一化战略，在实施这三种竞争战略的过程中，企业技术研发战略都可以作为一个强有力的工具，推动竞争战略的成功实施。(2) 由于三种竞争战略各有特点，因此针对每一种竞争战略，技术研发的实施重点会有所差异。

3. 技术研发战略的特征：长期性、全局性、层次性、依从性、风险性。

4. 技术研发战略的意义：(1) 技术研发战略是企业整体战略的重要组成部分；(2) 技术研发战略是对付技术研发不确定性的重要手段；(3) 技术研发战略是影响企业长期竞争能力的重要因素；(4) 技术研发战略是企业技术研发活动的指南。

5. 领先型技术研发战略的优势：(1) 成为行业领导者，代表行业先锋技术；(2) 率先建立垄断势力，占领有利市场地位；(3) 率先制定行业技术标准，提高后来者进入门槛；(4) 为企业带来高额利润，获得可观收入。领先型技术研发战略的局限性：(1) 技术开发成本高；(2) 市场开拓和引导难度大；(3) 技术开发风险高。领先型技术研发战略的实施的条件：(1) 对技术领先型技术研发企业来说，技术研发就是保持长期市场竞争力的最主要途径；(2) 采用这种战略的企业必须具有长期积累的相关产业技术领域的经验和知识，拥有独立研究开发的核心技术；(3) 营销、服务等部门及时、有效的运作；(4) 企业有明确的知识产权保护意识及保护措施。

6. 跟随型技术研发战略的优势：(1) 技术开发和市场开发风险低；(2) 市场需求易于挖掘；(3) 有助于将研发能力集中到生产制造等环节。战略实施过程中应注意：(1) 注重对技术研发的投入；(2) 突出产品差异；(3) 把握跟随研发时机；(4) 管理方式应不断调整。

7. 模仿型技术研发战略的优势：(1) 进入门槛低；(2) 成本优势明显；(3) 经营风险低。

8. 采用集成型研发战略的企业取得或保持自己的研发地位的途径。(1) 通过雄厚的经济实力奠定研发地位。即使资金雄厚的企业对一些技术领域比较陌生，但通过对资金的有效运作，它们仍然可以获取行业内比较先进的、创新的技术，通过对这些技术的加工整合，生产出功能完备的产品或提供全面完善的服务。(2) 即使企业的技术研发能力有所下降，但仍保持相当水平的技术研发能力。在很多时候，企业在培育核心能力的同时，也可能会产生核心刚性。

9. 制定研发战略的基本步骤：(1) 分析企业外部环境和内部条件确定技术研发战略目标；(2) 拟订技术研发战略方案；(3) 实施技术研发战略方案。

五、论述题

1. 答案要点：(1) 企业蓝图。(2) 战略目标。(3) 战略指导思想。(4) 战略环境。(5) 战略方案。

2. 答案要点：技术研发战略观是对技术研发战略的总的看法和总的观点，包括以下四种。(1) 基于竞争的技术研发战略观，认为应该综合其竞争者、潜在竞争者等因素选择适合企业的技术创新路径。(2) 技术研发战略的实证观，是指在企业在制定和实施其整体战略的每一个细节中，将技术研发战略作为重点成分融入这个过程，同时，在未来企业的发展趋势中也能很好地结合技术研发战略。(3) 基于资源的技术研发战略观，认为企业竞争优势的源泉是企业所控制的一系列战略性资源以及企业使用这些资源的方式。(4) 动态能力观，制定实施技术研发战略有两个重点：第一是动态、第二是能力。

3. 答案要点：(1) 按技术研发能力分，可分为领先型技术研发战略、跟随型技术研发战略、模仿型技术研发战略、集成型技术研发战略。(2) 按技术研发主体分，可分为自主技术研发战略、合作技术研发战略、技术引进战略。(3) 按技术研发对象性质差异分，可分为产品技术研发战略、工艺技术研发战略、服务型技术研发战略。(4) 按技术研发对象的市场情况分，可分为技术研发蓝海战略、技术研发红海战略。

4. 答案要点：(1) 将总体战略目标按照不同的部门和时间段进行层层分解，制定相应的分目；(2) 根据分目标确定分步战略和行动计划；(3) 根据战略要求合理分配所需的人力、物力和财力等资源；(4) 加强高层管理者的领导，实行及时合理的激励，充分调动技术研发人员的积极性；(5) 根据新的情况和信息回馈，对研发活动进行及时适当的控制，以保证技术研发战略的顺利实施。

5. 答案要点：(1) 模仿是技术发展的必经阶段。(2) 资源条件限制了企业技术研发战略的选择空间。(3) 模仿研发有利于企业降低风险，提高投资效益。

六、案例分析

1. 答案要点：(1) 企业蓝图的定义。(2) 根据德鲁克的观点，企业蓝图要思考的第一个问题：我们的企业是什么？第二个问题：我们的企业将是什么？第三个问题：我们的企业应该是什么？这三个问题集中起来体现了一个企业的愿景，即企业蓝图。(3) 企业蓝图指明了企业的前进方向，是企业存在的目的和理由。它不但可以激励人们更团结，还能凝聚企业使之成为一个共同体。企业蓝图还能指引企业的经营策略、薪酬制度、产品技术甚至商品的存储放置等所有细节，不但是企业的行动纲领，更是其灵魂。

2. 答案要点：(1) 九阳电器有限公司采取的是差别化战略，其选择研发生产市场上没有的豆浆机产业。(2) 差别化战略的定义；差别化战略的特点。

3. 答案要点：(1) 西门子采取的是领先型技术研发战略。(2) 领先型技术研发战略的优势：①成为行业领导者，代表行业先锋技术；②率先建立垄断势力，占领有利市场地位；③率先制定行业技术标准，提高后来者进入门槛；④为企业带来高额利润，获得可观收入。(3) 领先型技术研发战略的局限性：①技术开发成本高；②市场开拓和引导难度大；③技术开发风险高。

4. 答案要点：(1) 启示：要成为一个行业中的技术领先者和市场成功者，把握好基础技术研发的时机尤为重要。对技术与市场的领先者而言，必须对“技术跳跃”的性质有正确的认识，对企业将要面临的挑战有正确的态度，必须学会摒弃即将过时的老技术，大胆地接受新技术；对于技术市场的落后者来说，应该及时抓住技术跳跃带来的机会，通过实施与环境相适应的技术研发战略争取成为新的技术和市场领先者。(2) 选择时机的重要性：产品技术开发时机选择不正确会导致企业无法从市场中获得本可以得到的利益，具体而言，太晚会失去成为领先者和确立主导地位的机会，太早则可能导致缺乏相应的市场需求而以失败告终。

第6章 中小企业营销战略

考核内容

通过本章学习，了解市场营销的概念及其演化，熟悉市场营销策略组合的构成体系；领会中小企业营销的特点，并在此基础上掌握中小企业营销战略模式；具体掌握中小企业的产品策略、定价策略、分销策略、促销策略的常用方法；理解企业产品不同生命周期阶段的营销策略选择。

一、企业市场营销体系

(一) 市场的概念

市场属于商品经济的范畴，是商品经济发展的产物。自从社会分工和商品生产、商品交换出现，就有了与之相适应的市场，也就是说哪里有商品生产和商品交换，哪里就有市场。

市场包含三个主要因素 ：人口、购买力和购买欲望。

(二) 市场营销的概念

市场营销是企业的基本职能之一，企业的一切营销活动都是在特定的市场环境中发生的，都受到市场的影响和制约。

市场营销的基本原理是：通过满足顾客需要促进交换，最终实现企业目标。

(三) 市场营销观念的演化

1. 推销观念

推销观念（或称销售观念）产生于20世纪20年代末至50年代初，即资本主义国家由“卖方市场”向“买方市场”过渡的阶段。

2. 市场营销观念

推销观念注重卖方需要，市场营销观念则注重买方需要。推销观念以卖主需要为出发点，考虑如何把产品变成现金，而市场营销观念则考虑如何通过制造、传送产品以及与最终消费产品有关的所有事物，来满足顾客的需要。可见，市场营销观念的4个支柱是：市场中心、顾客导向、协调的市场营销和利润。推销观念的4个支柱是 ：工厂、产品导向、推销和盈利。

3. 客户观念

随着现代营销战略由产品导向转变为客户导向，客户需求及其满意度逐渐成为营销战略成功的关键所在。

(四) 市场营销策略组合

“4Ps”理论 ：产品（product）、价格（price）、渠道（place）、促销（promotion）

产品策略（product strategy），主要是指企业以向目标市场提供各种适合消费者需求的有形和无形产品的方式来实现其营销目标。其中包括对与产品有关的品种、规格、式样、质量、包装、特色、商标、品牌以及各种服务措施等可控因素的组合和运用。

定价策略（pricing strategy），主要是指企业以按照市场规律制定价格和变动价格等方式来实现其营销目标，其中包括对与定价有关的基本价格、折扣价格、津贴、付款期限、商业信用以及各种定价方法和定价技巧等可控因素的组合和运用。

二、中小企业营销战略模式

“缝隙营销”策略，利用市场竞争的空隙“见缝插针”，乘“隙”而进，培养自己的产品优势和营销市场。如果在市场竞争中无意与大企业碰撞，应采取迂回战术，避开锋芒，不能硬碰蛮撞。

“聚焦营销”策略，使用“并兵相敌”的原则，运用市场聚集策略，扬长避短，把有限的资源、资金、力量集中到能够形成自身优势的领域和目标上来，或者谋求成本领先地位，或者争取产品差别优势，在形成相对竞争优势之后，要乘势而行，使企业在该目标区域内形成核心竞争力。

“卫星营销”策略，善于借助大企业的优势来发展自己。通过为大企业配套来争取发展的机会，首先充当配角，和大企业建立稳定的配套服务关系，推动自身发展。

“寄生营销”策略，大企业经过多年的发展、积累，形成了独特的产品优势及营销优势。中小企业可通过一定形式的运作，借为己用。

“共生营销”策略，“共生营销”是以契约为纽带，通过两家或更多家相互独立的企业在资源与项目上进行合作。第一种方式是竞争企业的联合。第二种方式是互补企业之间的联合。

“虚拟营销”策略，企业在组织上突破有形的界限，只保留其中最关键、最核心的功能，如生产、营销、设计、财务等功能，而努力将其他功能虚拟化，即企业内没有完整执行这些功能的组织，而借助企业外部提供。

三、中小企业的产品战略

（一）中小企业的新产品开发战略

实用新型专利产品最适合于中小企业开发市场。

实用新型专利，是指发明创造人关于产品的形状、构造或其结合所提出的实用的新技术方案。从法律和专利申请、实施的情况看，实用新型专利产品具有以下特点：（1）新颖性，具有高附加值；（2）实施的技术难度小、资金投入不大；（3）实用性强，市场容量大。

（二）中小企业的品牌战略

品牌即产品（品类）铭牌，用于识别产品（品类）或是服务的标识、形象等。品牌是给拥有者带来溢价、产生增值的一种无形的资产，他的载体是用以和其他竞争者的产品或劳务相区分的名称、术语、象征、记号或者设计及其组合，增值的源泉来自于消费者心智中形成的关于其载体的印象。“品牌”不是“商标”。“品牌”指的是产品或服务的象征，而符号性的识别标记，指的是“商标”。

四、中小企业定价策略

定价方法，是企业在特定的定价目标指导下，依据对成本、需求及竞争等状况的研究，运用价格决策理论，对产品价格进行计算的具体方法。定价方法主要包括成本导向、竞争导向和顾客导向、心理定价、折扣定价、歧视定价等。

(一)竞争导向定价法

在竞争十分激烈的市场上，企业通过研究竞争对手的生产条件、服务状况、价格水平等因素，依据自身的竞争实力，参考成本和供求状况来确定商品价格。这种定价就是通常所说的竞争导向定价其主要包括以下几种方法。

(1)随行就市定价法。在垄断竞争和完全竞争的市场结构条件下，任何一家企业都无法凭借自己的实力在市场上取得绝对的优势，为了避免竞争特别是价格竞争带来的损失，大多数企业都采用随行就市定价法，即将本企业某产品价格保持在市场平均价格水平上，利用这样的价格来获得平均报酬。此外，采用随行就市定价法，企业就不必去全面了解消费者对不同价差的反应，也不会引起价格波动。

(2)产品差别定价法。产品差别定价法是指企业通过不同营销努力，使同种同质的产品在消费者心目中树立起不同的产品形象，进而根据自身特点，选取低于或高于竞争者的价格作为本企业产品价格。因此，产品差别定价法是一种进攻性的定价方法。

(3)密封投标定价法。在国内外，许多大宗商品、原材料、成套设备和建筑工程项目的买卖和承包，以及出售小型企业等，往往采用发包人招标、承包人投标的方式来选择承包者并确定最终承包价格。一般来说，招标方只有一个，处于相对垄断地位，而投标方有多个，处于相互竞争地位。目标物的价格由参与投标的各个企业在相互独立的条件下确定。在买方招标的所有投标者中，报价最低的投标者通常中标，它的报价就是承包价格。这样一种竞争性的定价方法就称密封投标定价法。

(二)新产品定价

1. 有专利保护的新产品的定价方法

(1)撇脂定价法

撇脂定价法是指在新产品上市之初，将价格定得较高，在短期内获取厚利，尽快收回投资。这种方法的优点有：新产品上市，顾客对其无理性认识，利用较高价格可以提高产品品质，有助于开拓市场；主动性大，产品进入成熟期后，价格可分阶段逐步下降，有利于吸引新的购买者；价格高，限制需求量过快增加，使其与生产能力相适应。其缺点是：获利大，不利于扩大市场，容易招来竞争者。

(2)渗透定价法

渗透定价法是指在新产品投放市场时，价格定得尽可能低一些，其目的是获得最高销售量和最大市场占有率。当新产品没有显著特色，竞争激烈，需求弹性较大时宜采用渗透定价法。优点有：产品能迅速为市场所接受，打开销路，增加产量，使成本随生产发展而下降；低价薄利，使竞争者望而却步、减缓竞争，获得一定市场优势。

对于企业来说，采取撇脂定价还是渗透定价，需要综合考虑市场需求、竞争、供给、市场潜力、价格弹性、产品特性，企业发展战略等因素。

2. 仿制品的定价

仿制品有九种可供选择的定价策略：优质优价、优质中价、优质低价、中质高价、中质中价、中质低价、低质高价、低质中价、低质低价。

五、中小企业分销策略

（一）选择分销渠道模式的原则

（1）畅通高效的原则。

（2）覆盖适度的原则。

（3）稳定可控的原则。

（4）协调平衡的原则。

（5）发挥优势的原则。

（二）营业推广

营业推广是企业在一段时间内采用特殊的手段或方法对消费者或中间商进行强烈刺激，以使他们尽快大量购买特定产品或服务。

六、产品生命周期不同阶段的营销战略

（一）产品生命周期理论

产品生命周期，简称PLC，是产品的市场寿命，即一种新产品从开始进入市场到被市场淘汰的整个过程。

典型的产品生命周期一般可以分成四个阶段，即介绍期（或引入期）、成长期、成熟期和衰退期。

生命周期曲线的特点表现为：在产品开发期间该产品销售额为零，公司投资不断增加；在引进期，销售缓慢，初期通常利润偏低或为负数；在成长期销售快速增长，利润也显著增加；在成熟期利润在达到顶点后逐渐走下坡路；在衰退期，产品销售量显著衰退，利润也大幅度滑落。

（二）产品不同阶段的营销策略选择

本部分主要介绍成长期产品的营销策略。

这一阶段适用的具体策略有以下几种：

（1）积极筹措和集中必要的人力、物力和财力，进行基本建设或者技术改造，以利于迅速增加或者扩大生产批量。

（2）改进商品的质量，增加商品的新特色，在商标、包装、款式、规格和定价方面作出改进。

（3）进一步开展市场细分，积极开拓新的市场，创造新的用户，以利于扩大销售。

（4）努力疏通并增加新的流通渠道，扩大产品的销售面。

（5）改变企业的促销重点。例如，在广告宣传上，从介绍产品转为树立形象，以利于进一步提高企业产品在社会上的声誉。

（6）充分利用价格手段。在成长期，虽然市场需求量较大，但应适当使企业降低产品价格，以增加竞争力。当然，降价可能暂时减少企业的利润，但是随着市场份额的扩大，

长期利润仍有望增加。

重点和难点

本章需要重点掌握的知识点有：(1) 市场营销的概念及演化阶段。(2) 市场营销策略组合的内容。(3) 中小企业营销的特点以及营销战略模式选择的依据。(4) 中小企业产品开发最适合的方式。(5) 中小企业具体产品包装策略的适用情况。(6) 不同定价策略的应用环境。(7) 企业选择分销渠道模式的基本原则。(8) 不同生命周期阶段的产品营销策略选择。

同步综合练习题

一、单项选择题

1. 下列哪一项不属于市场的主要因素(　　)。
   A. 需求　B. 人口　C. 购买力　D. 购买欲望
2. 下列哪一项是构成市场的基本因素(　　)。
   A. 需求　B. 人口　C. 购买力　D. 购买欲望
3. 下列哪一项是潜在购买需求转变为现实购买行为的重要条件(　　)。
   A. 需求　B. 人口　C. 购买力　D. 购买欲望
4. 市场营销的基本原理是(　　)。
   A. 通过发现并满足顾客的需求，销售企业的产品
   B. 通过满足顾客需要促进交换，最终实现企业目标
   C. 通过交换及交易活动，满足组织或个人的需求目标
   D. 通过生产领域和消费领域，进行全方位的营销活动
5. 下列哪一项不属于市场营销观念(　　)。
   A. 产品观念　B. 推销观念　C. 客户观念　D. 市场观念
6. 下列哪一项是指导销售者行为的最古老的观念之一(　　)。
   A. 产品观念　B. 推销观念　C. 生产观念　D. 推销观念
7. 消费者最喜欢高质量、多功能和具有某种特色的产品，企业应致力于生产品质优良的产品并不断加以改进，是指(　　)。
   A. 产品观念　B. 推销观念　C. 生产观念　D. 推销观念
8. 在产品供不应求的“卖方市场”下容易产生的观念是(　　)。
   A. 产品观念　B. 推销观念　C. 生产观念　D. 客户观念
9. 下列哪一种市场营销观念表现为“我卖什么，顾客就买什么”(　　)。
   A. 产品观念　B. 推销观念　C. 客户观念　D. 市场观念
10. 美国汽车大王亨利·福特曾傲慢地宣称：“不管顾客需要什么颜色的汽车，我只有一种黑色的。”这种观念是(　　)。
    A. 产品观念　B. 生产观念　C. 推销观念　D. 客户观念
11. 下列哪一种市场营销观念表现为“顾客需要什么，就生产什么”(　　)。
    A. 产品观念　B. 推销观念
    C. 市场营销观念　D. 社会市场营销
12. 下列关于推销观念和市场营销观念描述不正确的是(　　)。
    A. 推销观念注重卖方需要　B. 市场营销观念注重卖方需要
    C. 推销观念以卖主需要为出发点　D. 市场营销观念考虑如何满足顾客的需要
13. 下列哪一选项不属于市场营销观念的支柱(　　)。
    A. 利润　B. 市场中心　C. 产品导向　D. 顾客导向
14. 下列哪一选项不属于推销观念的支柱(　　)。
    A. 工厂　B. 推销　C. 产品导向　D. 市场中心

15. 营销战略成功的关键为(　　)。

A. 顾客导向及其推销　　B. 产品导向及其生产

C. 市场导向及其推广　　D. 客户需求及其满意度

16. 关于客户观念和市场营销观念的描述正确的是(　　)。

A. 客户观念适用于所有企业

B. 市场营销观念逐渐向客户观念转变

C. 市场营销观念是满足一个子市场的需求

D. 客户观念则强调满足每一个客户的特殊需求

17. 客户观念最适用于善于收集(　　)。

A. 单个客户信息的企业　　B. 多元客户信息的企业

C. 交叉客户信息的企业　　D. 多个客户信息的企业

18. 下列哪项不属于社会市场营销观念要求市场营销者要统筹兼顾的利益(　　)。

A. 企业利润　　B. 社会利益

C. 员工权益　　D. 消费者需要的满足

19. 目前中国企业经营观念处于下列哪一阶段(　　)。

A. 客户观念为主，多种观念并存　B. 产品观念为主，多种观念并存

C. 生产观念为主，多种观念并存　D. 推销观念为主，多种观念并存

20. “4Ps”理论是指(　　)。

A. 产品、价格、渠道、促销　　B. 产品、价格、促销、生产

C. 产品、价格、渠道、生产　　D. 产品、价格、促销、包装

21. 企业以向目标市场提供各种适合消费者需求的有形和无形产品的方式来实现其营销目标，是指(　　)。

A. 产品策略　B. 定价策略　C. 分销策略　D. 促销策略

22. 企业以按照市场规律制定价格和变动价格等方式来实现其营销目标，是指(　　)。

A. 产品策略　B. 定价策略　C. 分销策略　D. 促销策略

23. 企业以合理选择分销渠道和组织商品实体流通的方式来实现其营销目标，是指(　　)。

A. 产品策略　B. 定价策略　C. 分销策略　D. 促销策略

24. 企业以利用各种信息传播手段刺激消费者购买欲望，促进产品销售的方式来实现其营销目标，是指(　　)。

A. 产品策略　B. 定价策略　C. 分销策略　D. 促销策略

25. 下列哪一选项不属于“6P”理论(　　)。

A. 渠道　B. 包装　C. 政治力量　D. 公共关系

26. 关于“4Ps”与“4Cs”之间的关系，下列描述不正确的是(　　)。

A. “4Ps”与“4Cs”是替代关系

B. “4Ps”与“4Cs”是互补关系

C. “4Ps”包括产品、价格、渠道和促销

D. “4Cs”包括客户、成本、便利和沟通

27. 在“4Ps”营销理论中，广告、人员推销、营业推广和公共关系等是属于（　　）。
A. 产品　　B. 促销　　C. 价格　　D. 渠道
28. 下列哪一选项不属于中小企业营销的特点（　　）。
A. 资金匮乏　　B. 市场竞争力弱
C. 市场适应性弱　　D. 专业化营销队伍建设相对滞后
29. 下列哪一选项不属于中小企业营销战略思路（　　）。
A. “避”　　B. “联”　　C. “借”　　D. “销”
30. 中小企业在发展初级阶段不与大企业发生正面冲突，运用哪一营销战略思路（　　）。
A. “避”　　B. “联”　　C. “借”　　D. “销”
31. 中小企业应充分利用外来的资源发展自己，是运用哪一营销战略思路（　　）。
A. “避”　　B. “联”　　C. “借”　　D. “销”
32. 中小企业自身的联合与支撑是运用哪一营销战略思路（　　）。
A. “避”　　B. “联”　　C. “借”　　D. “销”
33. “见缝插针”运用的是下列哪一种营销策略（　　）。
A. “缝隙营销”策略　　B. “聚焦营销”策略
C. “卫星营销”策略　　D. “虚拟营销”策略
34. “并兵相敌”运用的是下列哪一种营销策略（　　）。
A. “缝隙营销”策略　　B. “聚焦营销”策略
C. “虚拟营销”策略　　D. “寄生营销”策略
35. “借船出海”运用的是下列哪一种营销策略（　　）。
A. “缝隙营销”策略　　B. “聚焦营销”策略
C. “卫星营销”策略　　D. “寄生营销”策略
36. “以契约为纽带，通过两家或更多家相互独立的企业在资源与项目上进行合作”运用的是下列哪一种营销策略（　　）。
A. “共生营销”策略　　B. “聚焦营销”策略
C. “卫星营销”策略　　D. “寄生营销”策略
37. 下列哪一选项不属于产品策略（　　）。
A. 品牌策略　　B. 生产策略
C. 产品组合策略　　D. 新产品开发策略
38. 按产品研究开发过程分，新产品不包括（　　）。
A. 模仿型新产品　　B. 改进型新产品
C. 新型专利产品　　D. 重新定位型新产品
39. 下列哪一项不属于实用新型专利产品的特点（　　）。
A. 新颖性　　B. 实用性强
C. 资金投入多　　D. 市场容量大
40. 用于识别产品或服务的标识、形象，是指（　　）。
A. 品牌　　B. 商标　　C. 名称　　D. 包装
41. 关于商标和品牌的描述。下列不正确的是（　　）。

A. “商标”不是单薄的象征　　B. “商标”是符号性的识别标记
C. “品牌”扩及立体视觉体系　　D. “品牌”是产品或服务的象征

42. 中小企业产品包装的两种错误倾向是指(　　)。
A. 产品缺乏包装和包装简陋　　B. 产品包装简陋和过度包装
C. 产品过度包装和包装形式过于精美　D. 产品包装随意和包装质量差

43. 类似包装策略适用于(　　)。
A. 改进型新产品　　B. 品种差异大的产品
C. 质量水平悬殊的产品　　D. 质量相同或类似的产品

44. 从回收再利用的角度，复用包装策略不宜用于(　　)。
A. 啤酒瓶　　B. 饮料瓶
C. 一次性包装袋　　D. 产品运储周转箱

45. 成本导向定价法的基本依据是(　　)。
A. 产品总成本　　B. 产品边际成本
C. 产品单位成本　　D. 产品额外成本

46. 下列哪一选项不属于成本导向定价法(　　)。
A. 产品差别定价法　　B. 盈亏平衡定价法
C. 总成本加成定价法　　D. 品种差异大的产品

47. 下列哪一选项不属于竞争导向定价法(　　)。
A. 密封投标定价法　　B. 需求差异定价法
C. 产品差别定价法　　D. 随行就市定价法

48. 下列哪一选项不属于心理定价法(　　)。
A. 尾数定价　　B. 声望性定价
C. 推广津贴　　D. 习惯性定价

49. 下列哪一选项不属于折扣定价(　　)。
A. 尾数定价　　B. 季节折扣
C. 推广津贴　　D. 数量折扣

50. 二级渠道是指(　　)。
A. 制造商—消费者　　B. 制造商—零售商—消费者
C. 制造商—批发商—零售商—消费者
D. 制造商—代理商—批发商—零售商—消费者

51. 渠道选择的首要原则是(　　)。
A. 稳定可控的原则　　B. 协调平衡的原则
C. 覆盖适度的原则　　D. 畅通高效的原则

52. 下列哪一选项不属于公共关系的性质(　　)。
A. 情感性　　B. 局部性　　C. 广泛性　　D. 双向性

53. 下列哪一选项不属于导入期产品的营销战略(　　)。
A. 高价快速策略　　B. 缓慢渗透策略
C. 市场修正策略　　D. 选择渗透战略

54. 企业对新产品采取高价格的同时，配合大量的宣传推销活动，把新产品推入市场。

这种策略属于(　　)。

A. 高价快速策略　　B. 选择渗透战略

C. 低价快速策略　　D. 缓慢渗透策略

二、多项选择题

1. 一个完整意义上的市场应包括哪些因素(　　)。

A. 需求　B. 人口　C. 供给　D. 购买力

E. 购买欲望

2. 企业营销观念包括(　　)。

A. 推销观念　　B. 生产观念

C. 市场营销观念　　D. 社会市场营销观念

E. 客户观念和产品观念

3. 在卖方市场条件下容易产生的观念有(　　)。

A. 产品观念　　B. 生产观念

C. 推销观念　　D. 市场营销观念

E. 客户观念

4. 市场营销观念的支柱包括(　　)。

A. 利润　B. 市场中心　C. 顾客导向　D. 市场营销

E. 产品导向

5. 推销观念的支柱包括(　　)。

A. 工厂　B. 推销　C. 盈利　D. 市场营销

E. 产品导向

6. 关于客户观念和市场营销观念的描述，正确的是(　　)。

A. 客户观念适用于所有企业

B. 市场营销观念逐渐向客户观念转变

C. 市场营销观念是满足一个子市场的需求

D. 客户观念则强调满足每一个客户的特殊需求

E. 客户观念最适用于那些善于搜集单个客户信息的企业

7. 在制定市场营销政策时，社会市场营销观念要求市场营销者要统筹兼顾(　　)。

A. 企业利润　B. 消费者需要　C. 社会利益　D. 员工权益

E. 领导诉求

8. “4Ps”理论包括(　　)。

A. 价格　B. 包装　C. 产品　D. 渠道

E. 促销

9. 以“4Ps”为核心的营销组合方法包括(　　)。

A. 产品策略　B. 分销策略　C. 定价策略　D. 促销策略

E. 政治策略

10. “6P”理论包括(　　)。

A. 产品和价格　　B. 包装和促销

C. 渠道和促销　　D. 渠道和包装
E. 政治力量和公共关系

11. "4C"营销理论所关心的营销要素包括（　　）。
A. 与用户沟通　　B. 消费者满意度
C. 用户购买的方便性　　D. 消费者的需要与欲望
E. 消费者获取满足的成本

12. 关于"4Ps"与"4Cs"之间的关系，下列描述正确的是（　　）。
A. "4Ps"与"4Cs"是替代关系
B. "4Ps"与"4Cs"是互补关系
C. "4Ps"包括产品、价格、渠道和促销
D. "4Cs"包括客户、成本、便利和沟通
E. "4Cs"强调企业应把追求顾客满意度放在首位

13. 中小企业营销的特点包括（　　）。
A. 资金匮乏　　B. 研发能力弱
C. 市场竞争力弱　　D. 市场适应性强
E. 专业化营销队伍建设相对滞后

14. 中小企业营销战略思路包括（　　）。
A. "销"　　B. "借"　　C. "仿"　　D. "联"
E. "避"

15. 中小企业营销战略模式包括（　　）。
A. "虚拟营销"策略　　B. "寄生营销"策略
C. "聚焦营销"策略　　D. "共生营销"策略
E. "卫星营销"策略

16. 中小企业的产品策略包括（　　）。
A. 品牌策略　　B. 产品包装策略
C. 产品组合策略　　D. 产品差异化策略
E. 新产品开发策略

17. 按产品研究开发过程分，新产品包括（　　）。
A. 全新产品　　B. 模仿型新产品
C. 改进型新产品　　D. 形成系列型新产品
E. 降低成本型新产品

18. 实用新型专利产品的特点包括（　　）。
A. 新颖性　　B. 实用性强
C. 市场容量大　　D. 资金投入不多
E. 实施的技术难度小

19. 关于品牌的描述，下列说法正确的是（　　）。
A. 品牌是不是商标　　B. 品牌是符号性的识别标记
C. 品牌是企业竞争力的综合　　D. 品牌包括名称和立体视觉体系
E. 品牌包括商誉、产品、企业文化等管理

20. 中小企业开展品牌战略的重要意义包括(　　)。
A. 有利于中小企业调整发展战略
B. 有利于中企业快速适应市场变化
C. 有利于保持中小企业的竞争优势
D. 有利于提升中小企业的核心竞争力
E. 有利于形成中小企业差别化竞争优势
21. 构建中小企业品牌战略需要注意(　　)。
A. 巩固品牌质量　　B. 扩展品牌延伸
C. 重视品牌创立　　D. 丰富品牌文化
E. 防范品牌风险
22. 中小企业产品包装中存在的两种错误倾向是(　　)。
A. 产品缺乏包装　　B. 产品包装随意
C. 产品过度包装　　D. 产品包装质量差
E. 不重视产品包装
23. 产品包装策略包括(　　)。
A. 改变包装策略　　B. 类似包装策略
C. 复用包装策略　　D. 配套包装策略
E. 更新包装策略
24. 中小企业定价方法主要包括(　　)。
A. 成本导向　　B. 心理定价　　C. 歧视定价　　D. 折扣定价
E. 顾客导向
25. 下列哪些选项的内容属于成本导向定价法(　　)。
A. 目标收益定价法　　B. 边际成本定价法
C. 盈亏平衡定价法　　D. 密封投标定价法
E. 需求差异定价法
26. 下列哪些选项的内容属于竞争导向定价法(　　)。
A. 理解价值定价法　　B. 产品差别定价法
C. 盈亏平衡定价法　　D. 密封投标定价法
E. 随行就市定价法
27. 下列哪些选项的内容属于顾客导向定价法(　　)。
A. 目标收益定价法　　B. 理解价值定价法
C. 盈亏平衡定价法　　D. 密封投标定价法
E. 需求差异定价法
28. 下列哪些选项的内容属于心理定价法(　　)。
A. 整数定价　　B. 推广津贴
C. 声望性定价　　D. 习惯性定价
E. 逆向定价法
29. 下列哪些选项的内容属于折扣定价法(　　)。
A. 现金折扣　　B. 推广津贴　　C. 季节折扣　　D. 数量折扣

E. 职能折扣

30. 歧视定价的主要形式包括(　　)。

A. 不同式样定不同的价格　　B. 不同时间定不同的价格

C. 不同的部位定不同的价格　　D. 对不同顾客群定不同的价格

E. 不同的花色品种定不同价格

31. 企业最后拟定的价格必须考虑(　　)。

A. 竞争对手对所定价格的反应

B. 最后价格还要考虑消费者的心理

C. 企业内部有关人员对定价的意见

D. 最后价格必须同企业定价政策相符合

E. 最后价格是否符合政府有关部门的政策和法令的规定

32. 撇脂定价法的优点包括(　　)。

A. 提高产品品质　　B. 引进新的购买者

C. 适应顾客求新心理　　D. 有助于开拓市场

E. 与生产能力相适应

33. 撇脂定价法的缺点包括(　　)。

A. 获利大　　B. 好景不长

C. 迫使价格下降　　D. 不利于扩大市场

E. 很快招来竞争者

34. 按流通环节的多少划分，分销渠道包括(　　)。

A. 宽渠道　　B. 窄渠道　　C. 单渠道　　D. 间接渠道

E. 直接渠道

35. 选择分销渠道模式的原则包括(　　)。

A. 发挥优势的原则　　B. 畅通高效的原则

C. 协调平衡的原则　　D. 稳定可控的原则

E. 覆盖适度的原则

36. 促销策略由下列哪些因素构成(　　)。

A. 广告　　B. 公共关系　　C. 营业推广　　D. 上门服务

E. 人员推销

37. 公共关系的性质表现为(　　)。

A. 情感性　　B. 双向性　　C. 广泛性　　D. 整体性

E. 长期性

38. 典型的产品生命周期包括下列哪些阶段(　　)。

A. 介绍期　　B. 成长期　　C. 发展期　　D. 成熟期

E. 衰退期

39. 下列哪些选项属于导入期产品的营销策略(　　)。

A. 市场修正策略　　B. 高价快速策略

C. 低价快速策略　　D. 选择渗透策略

E. 缓慢渗透策略

40. 绿色产品策略应包括(　　)。

A. 绿色设计　B. 绿色生产　C. 绿色包装　D. 绿色标志

E. 绿色价格

三、名词解释

市场营销　生产观念　产品观念　推销观念　市场营销观念　客户观念　社会市场营销观念　产品策略　定价策略　分销策略　促销策略　实用新型专利　公共关系　营业推广　产品生命周期

四、简答题

1. 简述市场营销观念和推销观念的区别。
2. 简述中小企业营销的特点及其战略思路。
3. 试简述实用新型专利产品的特点。
4. 简述生命周期曲线的特点。
5. 简述成长期产品的具体营销策略。
6. 简述成熟期产品的具体营销策略。
7. 企业产品处于导入期时可供采取的营销策略有哪些?
8. 简述营销组合调整策略的具体措施。
9. 简述企业延长产品寿命周期的主要途径。

五、论述题

1. 试述市场营销观念的演化。
2. 试述“4Ps”营销组合理论的基本内容。
3. 试述中小企业营销战略模式及其具体内容。
4. 试述典型的产品生命周期及其特点。
5. 试述中小企业该如何构建自身的品牌战略。

六、案例分析

1. 结合以下案例，判断A公司采取的是何种营销观念，并论述该观念的特征及其与推销观念的区别。

案例：A公司要在美国推出一种新品牌的汽车。在设计新车前，他们派出工程技术人员专程到洛杉矶地区考察高速公路的情况，实地丈量路长、路宽，采集高速公路的柏油，拍摄进出口道路的设计。回国后，专门修了一条9英里长的高速公路，就连路标和告示牌都与美国公路上的一模一样。在设计汽车行李箱时，设计人员意见有分歧，他们就到停车场看了一个下午，看人们如何放取行李。这样一来，汽车行李箱的设计思路马上统一起来。结果A公司生产的这种汽车一到美国就备受欢迎，被誉为全世界都能接受的好车。

2. 结合以下案例，判断山西B集团采取什么营销策略模式，并论述该策略模式的特点以及中小企业营销战略思路。

案例：外资洗衣粉生产企业进入中国进行一番市场争夺之后，牢牢占领了城市市场。山西B集团的洗衣粉定位战略便是首先选择上海奥妙、美国宝洁和英国联合利华等大企业忽视的农村市场，采取“农村包围城市”的战略而发展壮大的。

3. 结合以下案例，分析C品牌啤酒采取的是哪一包装策略并论述该策略的优点，最后请总结中小企业产品包装的两种错误倾向。

案例：C品牌啤酒长期以来注重产品包装的创新，不断在包装上推陈出新，并以其在包装上所体现出来的丰富创意闻名于世。C品牌啤酒进入中国市场已经有十多年，很多中国人都是通过其极具特色的电视广告认识了这个品牌，并留下良好印象。2011 年，C品牌啤酒又推出了新罐设计，这是 1936 年以来第 12 次更换包装，这次更改设计的目的是为中国消费者提供更多选择，充分显示了其对中国消费者的重视。

4. 结合以下案例，分析“小灵通”进入了产品生命周期中的哪一时期，并论述该时期的营销策略及其在退出市场时需要考虑的问题。

案例：“小灵通”是一种个人无线接入系统。它将用户端以无线的方式接入本地电话网，使传统意义上的固定电话不再固定在某个位置，而是可在无线网络覆盖范围内自由移动使用，随时随地接听、拨打本地和国内、国际电话，是市话的有效延伸和补充。但是随着 3G 业务的发展，为了不对 3G 业务系统产生干扰，相关部们决定停用“小灵通”。随着“小灵通”退市计划的执行，这一系统将成为历史。

参考答案

一、单项选择题

1. A	2. B	3. D	4. B	5. D	6. C	7. A	8. A
9. B	10. B	11. C	12. B	13. C	14. D	15. D	16. D
17. A	18. C	19. D	20. A	21. A	22. B	23. C	24. D
25. A	26. A	27. B	28. C	29. D	30. A	31. C	32. B
33. A	34. B	35. D	36. A	37. B	38. C	39. C	40. A
41. A	42. B	43. D	44. C	45. C	46. A	47. B	48. C
49. A	50. C	51. D	52. B	53. C	54. A		

二、多项选择题

1. BDE	2. ABCDE	3. AB	4. ABCD	5. ABCE
6. BCDE	7. ABC	8. ACDE	9. ABCD	10. ACE
11. ACDE	12. BCDE	13. ACDE	14. BDE	15. ABCDE
16. ABCDE	17. ABCDE	18. ABCDE	19. ACDE	20. CDE
21. BCDE	22. AC	23. ABCDE	24. ABCDE	25. ABC
26. BDE	27. BE	28. ACD	29. ABCDE	30. ABCDE
31. ABCDE	32. ABCDE	33. ABCDE	34. DE	35. ABCDE
36. ABCE	37. ABCDE	38. ABDE	39. BCDE	40. ABCD

三、名词解释

市场营销：是一种计划及执行活动，其过程包括对一个产品一项服务或一种思想的开发制作、定价、促销和流通等活动，目的是经由交换及交易的过程达到满足组织或个人的需求目标。

生产观念：是指导销售者行为的最古老的观念之一，认为消费者喜欢那些可以随处买得到而且价格低廉的产品，企业应致力于提高生产效率和分销效率，扩大生产，降低成本以扩展市场。

产品观念：认为消费者最喜欢高质量、多功能和具有某种特色的产品，企业应致力于生产高值产品，并不断加以改进。

推销观念：认为消费者通常表现出一种购买惰性或抗衡心理，即如果顺其自然，那么消费者一般不会足量购买某一企业的产品，因此，企业必须积极推销和大力促销，以刺激消费者大量购买本企业产品。

市场营销观念：是一种以顾客需要和欲望为导向的哲学，是消费者主权论在企业市场营销管理中的体现。

客户观念：是指企业注重搜集每一个客户以往的信息，由此确认不同客户的终生价值，分别为每个客户提供各自不同的产品或服务，传播不同的信息，通过提高客户忠诚度，增加每一个客户的购买量，从而确保企业的利润增长。

社会市场营销观念：认为企业的任务是确定各个目标市场的需要、欲望和利益，并采用保护或提高消费者和社会福利的方式，比竞争者更有效、更有利地向目标市场提供能够满足其需要、欲望和利益的物品或服务。

产品策略：主要是指企业以向目标市场提供各种适合消费者需求的有形和无形产品的方式来实现其营销目标，其中包括对与产品有关的品种、规格、式样、质量、包装、特色、商标、品牌以及各种服务措施等可控因素的组合和运用。

定价策略：主要是指企业以按照市场规律制定价格和变动价格等方式来实现其营销目标，其中包括对同定价有关的基本价格、折扣价格、津贴、付款期限、商业信用以及各种定价方法和定价技巧等可控因素的组合和运用。

分销策略：主要是指企业以合理地选择分销渠道和组织商品实体流通的方式来实现其营销目标，其中包括对与分销有关的渠道覆盖面、商品流转环节、中间商、网点设置以及储存运输等可控因素的组合和运用。

促销策略：主要是指企业以利用各种信息传播手段刺激消费者购买欲望，促进产品销售的方式来实现其营销目标，其中包括对同促销有关的广告、人员推销、营业推广、公共关系等可控因素的组合和运用。

实用新型专利：是指发明创造人关于产品的形状、构造所提出的实用的新技术方案。

公共关系：是指某一组织为改善与社会公众的关系，促进公众对组织的认识、理解及支持，达到树立良好组织形象、促进商品销售的目的的一系列促销活动。它的本意是促进社会组织、集体或个人与其周围的各种内部、外部公众建立良好的关系。

营业推广：是企业在一段时间内采用特殊的手段或方法对消费者或中间商进行强烈

刺激，以使他们尽快大量购买特定产品或服务。

产品生命周期：简称 PLC，是产品的市场寿命，即一种新产品从开始进入市场到被市场淘汰的整个过程。

四、简答题

1. 市场营销观念和推销观念的区别：（1）推销观念注重卖方需要，市场营销观念则注重买方需要。（2）在推销观念以卖主需要为出发点，考虑如何把产品变成现金，而市场营销观念则考虑如何通过制造、传送产品以及与最终消费产品有关的所有事物，来满足顾客的需要。（3）市场营销观念的 4 个支柱是市场中心、顾客导向、协调的市场营销和利润。推销观念的 4 个支柱是工厂、产品导向、推销和盈利。

2. 中小企业营销的特点：（1）市场适应性强；（2）市场竞争力弱；（3）资金匮乏；（4）专业化营销队伍建设相对滞后。中小企业营销战略思路：中小企业应该凭借自身的优势，取长补短，巧妙地遵循“避”、“借”、“联”的战略思路，在营销上突破创新。（1）“避”是中小企业在发展初级阶段要避免和大企业发生正面冲突。（2）“借”是中小企业应充分利用外来的资源发展自己。（3）“联”是中小企业自身的联合与支撑

3. 实用新型专利产品的特点：（1）新颖性；（2）实施的技术难度小；（3）资金投入不多；（4）实用性强；（5）市场容量大。

4. 生命周期曲线的特点：（1）在产品开发期，该产品销售额为零，公司投资不断增加；（2）在引进期，销售额增长缓慢，初期通常利润偏低或为负数；（3）在成长期，销售额快速增长，利润也显著增加；（4）在成熟期，利润在达到顶点后逐渐走下坡路；（5）在衰退期，产品销售量显著衰退，利润也大幅度滑落。

5. 成长期产品的具体营销策略：（1）积极筹措和集中必要的人力、物力和财力，进行基本建设或者技术改造，以利于迅速增加或者扩大生产批量；（2）改进产品的质量，增加产品的新特色，在商标、包装、款式、规格和定价方面作出改进；（3）进一步开展市场细分，积极开拓新的市场，创造新的用户，以利于扩大销售；（4）努力疏通并增加新的流通渠道，扩大产品的销售面；（5）改变企业的促销重点；（6）充分利用价格手段。在成长期，虽然市场需求量较大，但应适当使企业降低产品价格，以增加竞争力。

6. 成熟期产品的具体营销策略：（1）市场修正策略，即通过努力开发新的市场，来保持和扩大自己的商品市场份额；（2）产品改良策略，企业可以通过产品特征的改良，来提高销售量；（3）营销组合调整策略企业通过调整营销组合中的某一因素或者多个因素，以刺激销售。

7. 企业产品处于导入期时可供采取的营销策略：（1）高价快速策略；（2）选择渗透战略；（3）低价快速策略；（4）缓慢渗透策略。

8. 营销组合调整策略的具体措施：（1）通过降低售价来加强竞争力；（2）改变广告方式以引起消费者的兴趣；（3）采用多种促销方式，如大型展销、附赠礼品等；（4）扩展销售渠道，改进服务方式或者货款结算方式等。

9. 企业延长产品生命周期的主要途径：（1）通过价值分析，降低产品成本，以利于进一步降低产品价格；（2）通过科学研究，增加产品功能，开辟新的用途；（3）加强市

场调查研究，开拓新的市场，创造新的内容；（4）改进产品设计，以提高产品性能、质量、包装、外观等，从而使产品生命周期不断实现再循环。

五、论述题

1. 答案要点：市场营销观念的演变与发展，可归纳为六种，即生产观念、产品观念、推销观念、市场营销观念、客户观念和社会市场营销观念。（1）生产观念是指导销售者行为的最古老的观念之一。（2）产品观念是一种较早的企业经营观念，产生于市场产品供不应求的“卖方市场”形势下。（3）推销观念，表现为“我卖什么，顾客就买什么”。（4）市场营销观念，“顾客需要什么，就生产什么”。（5）客户观念，客户需求及其满意度逐渐成为营销战略成功的关键所在。（6）社会市场营销观念，市场营销观念的修改和补充。

2. 答案要点：“4Ps”营销组合。（1）产品策略；（2）定价策略；（3）分销策略；（4）促销策略。

3. 答案要点：中小企业营销战略模式。（1）“缝隙营销”策略；（2）“聚焦营销”策略；（3）“卫星营销”策略；（4）“寄生营销”策略；（5）“共生营销”策略；（6）“虚拟营销”策略。

4. 答案要点：典型的产品生命周期一般可以分成四个阶段，即介绍期（或引入期）、成长期、成熟期和衰退期。（1）介绍期（或引入期），产品从设计投产直到投入市场进入测试阶段。（2）成长期，产品通过试销效果良好，购买者逐渐接受该产品，产品在市场上站住脚并且打开了销路。（3）成熟期，产品走入大批量生产并稳定地进入市场销售。（4）衰退期，产品进入了淘汰阶段。

5. 答案要点：（1）重视品牌创立。（2）丰富品牌文化。中小企业在创立品牌后，应当重视品牌文化的丰富，善于挖掘品牌的内在价值。（3）扩展品牌延伸。品牌资产是一种战略性资产，企业必须整合全部资源对其进行精心维护、合理利用。（4）防范品牌风险。品牌的建立是个长期的过程，创立之后的价值维护以及风险防范也是极其关键的环节。

六、案例分析

1. 答案要点：（1）A汽车公司采取的是市场营销观念。（2）市场营销观念的特点：市场营销观念是一种新型的企业经营哲学。这种观念是以满足顾客需求为出发点的，即“顾客需要什么，就生产什么”。市场营销观念认为，实现企业各项目标的关键在于正确确定目标市场的需要和欲望，并且比竞争者更有效地传送目标市场所期望的物品或服务，进而更有效地满足目标市场的需要和欲望。（3）与推销观念的区别：①推销观念注重卖方需要，市场营销观念则注重买方需要。②在推销观念以卖主需要为出发点，考虑如何把产品变成现金，而市场营销观念则考虑如何通过制造、传送产品以及与最终消费产品有关的所有事物，来满足顾客的需要。③市场营销观念的4个支柱是市场中心、顾客导向、协调的市场营销和利润。推销观念的4个支柱是工厂、产品导向、推销、盈利。

2. 答案要点：(1) B集团采取“缝隙营销”策略。(2)“缝隙营销”策略：利用市场竞争的空隙“见缝插针”，乘“隙”而进，培养自己的产品优势和营销市场。如果在市场竞争中无意与大企业碰撞，应采取迂回战术，避开锋芒，不能硬碰硬。(3) 中小企业应该凭借自身的优势，取长补短，巧妙地遵循“避”、“借”、“联”的战略思路，在营销上突破创新。①“避”是中小企业在发展初级阶段要避免和大企业发生正面冲突。②“借”是中小企业应充分利用外来的资源发展自己。③“联”是中小企业自身的联合与支撑。

3. 答案要点：(1) C品牌啤酒采取的是更新包装策略。(2) 更新包装策略的优点：更新包装，一方面是通过改进包装使销售不佳的商品重新焕发生机，重新激起人们的购买欲望；另一方面是通过改进，使商品顺应市场变化。有些产品要改进质量比较困难，经常变一变包装，给人带来一种新鲜感，销量就有可能增加。(3) 我国的中小企业，产品包装技术水平还十分落后。总的来说，目前存在着两种错误的倾向，一种倾向是企业产品包装简陋；另一种倾向是产品过度包装，只追求精美的包装形式，而忽视产品的质量。

4. 答案要点：(1)“小灵通”已经进入衰退期，应该采取衰退期产品的营销战略。(2) 衰退期产品的营销战略：维持策略，即企业在目标市场、价格、销售渠道、促销等方面维持现状；缩减策略，即企业仍然留在原来的目标上继续经营，但是根据市场变动的情况和行业退出障碍水平在规模上作出适当的收缩；撤退利润，即企业决定放弃经营某种商品以撤出该目标市场。(3) 在撤出目标市场时，企业应该主动考虑以下几个问题：将进入哪一个新区划，经营哪一种新产品，可以利用以前的哪些资源；品牌及生产设备等残余资源如何转让或者出卖；保留多少零件存货和服务以便在今后为顾客服务。

第7章 中小企业信息化战略

考核内容

通过本章的学习，理解信息化和企业信息化的概念，掌握中小企业信息化的特征和建设，企业信息化的具体内容，中小企业信息化战略规划模型和制定步骤，以及我国中小企业信息化战略模式，最后，结合我国中小企业信息化现状与存在的问题，明确我国中小企业信息化战略的发展趋势。

一、信息化

“信息化”概念的提出最早可以追溯到20世纪60年代的日本。

信息化内涵具体包括以下四方面内容：

(1) 信息网络体系，包括信息资源、各种信息系统、公用通信网络平台等。

(2) 信息产业基础，包括信息科学技术研究与开发、信息装备制造、信息咨询服务等。

(3) 社会运行环境，包括现代工农业、管理体制、政策法律、规章制度、文化教育、道德观念等生产关系与上层建筑。

(4) 效用积累过程，包括劳动者素质、国家现代化水平、人民生活质量不断提高、精神文明和物质文明建设不断进步等。

信息化过程包含三个层次和六大要素。

三个层次：一是信息技术的开发和应用过程，是信息化建设的基础；二是信息资源的开发和利用过程，是信息化建设的核心与关键；三是信息产品制造业不断发展的过程，是信息化建设的重要支撑。

六大要素：信息网络、信息资源、信息技术、信息产业、信息法规环境和信息人才。

二、企业信息化

(一) 企业信息化定义

企业信息化是指企业能够在充分的发掘和利用先进的信息技术的基础上，将信息资源应用于整个企业经营过程，实现企业系统化、自动化、高效化的过程。企业只有根据实际情况和发展战略选择适宜的信息资源，才能实现资源的有效配置，不断地提高竞争力并实现更高的经济效益，更充分地接受信息社会的挑战。

(二) 企业信息化的特征

企业信息化的本质特征包括企业的核心业务、主导流程和人。

三、中小企业信息化

(一) 中小企业信息化的特点

(1) 资金来源和投入压力大。

(2) 信息化产品需求既有柔性又有多样性。

(3) 信息化产品的相关服务要求到位。

(4) 信息化建设能够获得短期回报。

(二) 中小企业信息化的建设

为了顺利推进中小企业信息化过程，应该注意以下几点：详细地规划信息化战略；有条理地实施信息化战略；慎重地选择服务商；确保资金使用的效用最大化；有效地运用互联网信息平台；积极地重组企业流程。

（三）中小企业信息化的意义

（1）信息化是企业提高自身竞争力的需要；
（2）信息化是企业实现精细化管理的途径；
（3）信息化是企业满足客户个性化需求的保证；
（4）信息化有助于企业适应国际化市场。

四、企业信息化的内容

（一）设计信息化

设计信息化是指产品设计、工艺设计方面的信息化。设计信息化的两个具体的表现是产品设计数字化和过程设计数字化。设计数字化在社会上的广泛应用，大幅度地简化了产品生产的流程，提高了产品的创新能力。

（二）生产过程信息化

生产过程信息化是指自动化技术在生产过程中的应用，即用自动化、智能化手段解决加工过程中的复杂问题，提高生产的质量、精度和规模制造水平。生产过程的信息化包括生产过程的智慧化和数字化。

生产过程的智慧化利用计算机技术对老设备进行改造，使生产技术装备智慧化，这样能够提高设备的生产率，同时也减少了企业固定资本的投入。

生产过程数字化是现实生产过程控制的自动化和智慧化的前提。生产过程数字化技术，主要包括离散工业生产过程数字化技术和流程工业数字化技术。

（三）产品信息化

产品信息化是信息化的基础，一方面是指产品所含各类信息比重日益增大、物质比重日益降低，产品日益由物质产品的特征向信息产品的特征迈进；另一方面也表明越来越多的产品中嵌入了智能化元器件，使产品具有越来越强的信息处理功能。

（四）营销和服务信息化

营销和服务的信息化是指以新的方式、方法和理念，利用信息技术，开展网上营销和服务，更有效地促成个人和组织交易活动的实现。营销的最终目的是帮助企业占有市场份额。

（五）企业管理信息化

企业管理信息化，是指在企业管理的各个活动环节中，充分利用现代信息技术建立信息网络系统，使企业的信息流、资金流、物流、工作流集成和整合，不断提高企业管理的效率和水平，实现资源的优化配置，进而提高企业经济效益和竞争能力的过程。

(六) 组织结构信息化

组织结构信息化改善了企业经营所需的资源结构，使组织架构设计从庞大、复杂和刚性的状态中解脱出来。组织内不同部门的界限逐渐模糊，并向动态的网络结构过渡。

五、中小企业信息化战略的制定

(一) 中小企业信息化战略制定步骤

(1) 信息化战略环境的远景分析。环境分析是企业信息化规划的依据。

(2) 信息化战略目标的确定。企业的信息化战略目标和内容是根据企业发展的远景和企业的内外部条件确定。提高企业的经济效益是中小企业信息化的根本目的，这不仅仅是指提高当前的经济效益，还包括长远的和潜在的经济效益。

(3) 信息化建设内容与方案的确定。

(4) 信息化战略实施计划的制订。

(5) 信息化项目的监督与维护。

对项目实施阶段的严格要求和监督系统供货商按照实施方案进行是企业信息化建设能否取得成功的关键。

(6) 信息化战略与方案的调整。

(二) 中小企业信息化战略模式

中小企业信息化发展的战略模式主要分为以下四种类型：市场型模式、效率型模式、服务型模式和关系模型。

六、我国中小企业信息化战略

(一) 我国中小企业信息化现状

(1) 观念淡薄，信息意识落后；(2) 投入不足，资金配置不合理；(3) 人才缺乏，沟通机制不畅；(4) 价格昂贵，方案缺乏个性；(5) 基础薄弱，管理成为瓶颈；(6) 投入谨慎，态度保守观望；(7) 成效一般，发展亟待突破。

(二) 我国中小企业信息化战略的发展趋势

(1) 企业信息化的层次不断加深；(2) 企业信息化的理念的国际化；(3) 企业信息化技术的专业化；(4) 企业信息化的区域差异。

重点和难点

本章需要重点掌握的知识点有：(1) 中小企业信息化内涵、特点和意义。(2) 企业信息化的具体内容。(3) 我国当前中小企业信息化的四种主要战略模式。(4) 中小企业信息化战略制定的基本步骤。(5) 我国中小企业信息化战略模式的选择标准。

同步综合练习题

一、单项选择题

1. “信息化”这一思想最早在哪个国家提出(　　)。
   A. 日本　B. 英国　C. 中国　D. 美国
2. 下列哪一选项不属于信息化内涵(　　)。
   A. 信息网络体系　B. 信息产业基础
   C. 社会运行环境　D. 信息开发系统
3. 下列哪一选项不属于信息网络体系(　　)。
   A. 信息资源　B. 信息系统
   C. 规章制度　D. 公用通信网络平台
4. 下列哪一选项不属于信息产业基础(　　)。
   A. 信息装备制造　B. 信息制度建设
   C. 信息咨询服务　D. 信息科学技术研究
5. 信息技术的开发和应用过程是信息化建设的(　　)。
   A. 基础　B. 核心与关键　C. 条件　D. 重要支撑
6. 信息资源的开发和利用过程是信息化建设的(　　)。
   A. 基础　B. 核心与关键　C. 条件　D. 重要支撑
7. 信息产品制造业不断发展的过程是信息化建设的(　　)。
   A. 基础　B. 核心与关键　C. 条件　D. 重要支撑
8. 下列哪一选项不属于信息化过程的六大要素(　　)。
   A. 信息网络　B. 信息资源　C. 信息系统　D. 信息产业
9. 企业信息化的本质特征是(　　)。
   A. 主营业务、主导流程、人　B. 核心业务、主导流程、人
   C. 核心业务、虚拟流程、人　D. 主营业务、虚拟流程、人
10. 下列哪一选项不属于中小企业信息化的特点(　　)。
    A. 信息化产品需求单一　B. 资金来源和投入压力大
    C. 信息化建设能够获得短期回报　D. 信息化产品的相关服务要求到位
11. 下列哪一选项不属于企业信息化的具体内容(　　)。
    A. 企业管理信息化　B. 组织结构信息化
    C. 生产过程信息化　D. 市场营销信息化
12. 设计信息化具体表现为(　　)。
    A. 产品设计数字化和过程设计数字化
    B. 产品设计自动化和过程设计自动化
    C. 流程设计数字化和过程设计数字化
    D. 流程设计自动化和过程设计自动化
13. 生产过程的信息化包括(　　)。
    A. 生产过程自动化和智慧化　B. 生产过程数字化和自动化

C. 生产过程智慧化和数字化　　　　D. 生产过程自动化和高效化

14. 利用计算机技术对老设备进行改造，使生产技术装备智慧化，从而提高设备的生产率，减少企业固定资本的投入，是指(　　)。

A. 生产过程自动化　　　　B. 生产过程高效化

C. 生产过程数字化　　　　D. 生产过程智慧化

15. 下列哪一项是现实生产过程控制的自动化和智慧化的前提(　　)。

A. 生产过程自动化　　　　B. 生产过程数字化

C. 生产过程高效化　　　　D. 生产过程智慧化

16. 生产过程数字化技术主要包括(　　)。

A. 离散工业生产过程数字化技术，流程工业数字化技术

B. 离散工业生产过程自动化技术，流程工业智能化技术

C. 离散工业生产过程数字化技术，流程工业智能化技术

D. 离散工业生产过程自动化技术，流程工业数字化技术

17. 下列哪一项是信息化的基础(　　)。

A. 设计信息化　　　　B. 产品信息化

C. 生产过程信息化　　　　D. 企业管理信息化

18. 产品信息化的实现需要下列哪些技术(　　)。

A. 应用软件技术和应用数字技术　B. 应用网络技术和应用电子技术

C. 应用电子技术和应用软件技术　D. 应用数字技术和应用网络技术

19. 以新的方式、方法和理念，利用信息技术，开展网上营销和服务，更有效地促成个人和组织交易活动的实现，是指(　　)。

A. 设计信息化　　　　B. 产品信息化

C. 生产过程信息化　　　　D. 营销及服务信息化

20. 企业管理信息系统的核心是(　　)。

A. 财务管理　B. 业务管理　C. 生产管理　D. 销售管理

21. 在中小企业信息化战略制定中，企业信息化规划的依据是(　　)。

A. 组织调整　B. 环境分析　C. 产品选择　D. 信息传递

22. 企业的信息化战略目标和内容是根据下列哪些因素确定(　　)。

A. 企业的组织结构和企业的经济效益

B. 企业发展的远景和企业的经济效益

C. 企业的组织结构和企业的内外部条件

D. 企业发展的远景和企业的内外部条件

23. 中小企业信息化的根本目的是(　　)。

A. 提高社会的经济效益　　　　B. 提高组织的经济效益

C. 提高企业的经济效益　　　　D. 提高部门的经济效益

24. 下列哪一选项不属于中小企业信息化战略模式的类型(　　)。

A. 市场型模式　　　　B. 服务型模式

C. 效率型模式　　　　D. 品质型模式

25. 通过各种有效途径，不断扩大企业的市场份额，提高企业的商品在市场上所处的地

位，加强企业对市场的控制能力，是指（ ）。
A. 关系模型 B. 市场型模式
C. 效率型模式 D. 服务型模式
26. 运用于服务业，或者企业的销售和营销等要迎合客户需求的部门，是指（ ）。
A. 关系模型 B. 市场型模式
C. 服务型模式 D. 效率型模式
27. 通过运用信息技术，维持和巩固企业在整个产业链中的位置，是指（ ）。
A. 关系模型 B. 市场型模式
C. 服务型模式 D. 效率型模式
28. 制造业一般采用下列哪些信息战略最有利于提升其竞争力（ ）。
A. 效率型模式、服务型模式 B. 市场型模式、设计型模式
C. 市场型模式、服务型模式 D. 效率型模式、设计型模式
29. 在商贸业中，对于不参与实际生产的企业就可考虑（ ）。
A. 市场型模式、关系模型 B. 市场型模式、设计型模式
C. 效率型模式、设计型模式 D. 服务型模式、关系模式
30. 下列哪一选项不属于服务性企业的核心业务（ ）。
A. 事务管理 B. 售后服务管理
C. 人力资源信息 D. 业务的动态信息
31. 那些具有一定的吸引力，作为大型企业上下游的辅助企业而存在，通过与大型企业长期稳定的合作而获得稳定回报的中小企业，是指（ ）。
A. 制造企业 B. 商贸企业
C. 服务性企业 D. 依附型企业
32. 这类企业主要由个体企业组成，并且不热衷于信息化建设，也没有信息化的设备，相当于传统产业，是指（ ）。
A. 空白型企业 B. 萌芽型企业
C. 发展型企业 D. 发达型企业
33. 企业拥有一定的信息化设备，对信息化刚有初步的认识，能够进行简单的文字处理和数据处理等工作，是指（ ）。
A. 空白型企业 B. 萌芽型企业
C. 发展型企业 D. 发达型企业
34. 这类企业主要是从事制造业、批发业、零售贸易业中的中小企业，能够协同办公、信息共享和对外交流，是指（ ）。
A. 空白型企业 B. 萌芽型企业
C. 发展型企业 D. 发达型企业
35. 这类企业建立了比较完善的企业信息化体系，并将信息化技术运用于整个经营过程，是指（ ）。
A. 空白型企业 B. 萌芽型企业
C. 发展型企业 D. 发达型企业

36. 我国中小型企业建设大多数还属于(　　)。

A. 空白型企业　　B. 萌芽型企业

C. 发展型企业　　D. 发达型企业

37. 有关我国中小企业信息化现状的描述，不正确的是(　　)。

A. 缺乏合格人才　　B. 信息化观念淡薄

C. 管理基础薄弱　　D. 信息化成效显著

二、多项选择题

1. 下列哪些选项属于信息化内涵的具体内容(　　)。

A. 信息网络体系　　B. 信息产业基础

C. 社会运行环境　　D. 效用积累过程

E. 信息技术开发

2. 信息网络体系的内容包括(　　)。

A. 信息资源　　B. 信息系统　　C. 规章制度　　D. 管理体制

E. 公用通信网络平台

3. 信息产业基础的内容包括(　　)。

A. 信息装备制造　　B. 信息制度建设

C. 信息咨询服务　　D. 信息科学技术研究

E. 信息科学技术开发

4. 下列哪些选项属于信息化过程三层次中的内容(　　)。

A. 信息技术的开发和应用过程　　B. 信息资源的开发和利用过程

C. 信息人才的开发和利用过程　　D. 信息产品制造业不断发展的过程

E. 信息产品服务业不断发展的过程

5. 下列哪些选项不全属于信息化过程六大要素的内容(　　)。

A. 信息网络、信息产业、信息技术　B. 信息网络、信息资源、信息系统

C. 信息法规环境、信息系统、信息产业

D. 信息运行环境、信息人才、信息资源

E. 信息法规环境、信息技术、信息人才

6. 企业信息化的特征包括(　　)。

A. 形态特征　　B. 阶段特征

C. 效益隐性特征　　D. 内部关联性特征

E. 外部关联性特征

7. 企业信息化的本质特征不包括(　　)。

A. 核心业务　　B. 主营业务　　C. 主导流程　　D. 网络

E. 人

8. 企业信息化的过程特征表现为(　　)。

A. 单机商务运用　　B. 系统软件的设计和开发

C. 企业内部局域网的应用　　D. 互联网运用逐级向上发展

E. 电子商务运用逐级向上发展

9. 中小企业信息化的特点包括(　　)。
A. 资金来源和投入压力大　B. 信息化产品需求具有单一性
C. 信息化建设能够获得短期回报　D. 信息化建设能够获得长期回报
E. 信息化产品的相关服务要求到位

10. 中小企业的信息化建设总体要求(　　)。
A. 投资大　B. 准而精　C. 见效快　D. 风险小
E. 投资少

11. 企业信息化的具体内容包括(　　)。
A. 产品信息化　B. 设计信息化
C. 企业管理信息化　D. 生产过程信息化
E. 组织结构信息化

12. 有关工艺设计和产品设计的描述，正确的是(　　)。
A. 工艺设计主要是运用于产品
B. 产品设计是对生产过程的一个设计
C. 工艺设计是企业加工生产的重要组成部分
D. 产品设计实现了产品设计工具的数字化和智能化
E. 工艺设计实现了设计过程的数字化和智能化

13. 设计信息化具体表现为(　　)。
A. 产品设计数字化　B. 产品设计自动化
C. 产品设计智能化　D. 流程设计数字化
E. 流程设计自动化

14. 设计数字化技术包括下列哪些技术(　　)。
A. 标准化技术　B. 智能设计技术
C. 并行工程技术　D. 产品数据管理技术
E. 虚拟设计与制造技术

15. 设计数字化技术的特点包括(　　)。
A. 标准化　B. 智慧化　C. 集成化　D. 虚拟化
E. 简约化

16. 生产过程的智慧化的内容包括(　　)。
A. 生产的自动化　B. 产品设计的智能化
C. 流程设计的数字化　D. 产品生产的自动化
E. 生产技术装备智慧化

17. 生产过程数字化技术包括(　　)。
A. 流程工业自动化技术　B. 流程工业数字化技术
C. 流程工业智能化技术　D. 离散工业生产过程数字化技术
E. 离散工业生产过程自动化技术

18. 产品信息化的实现必须运用好以下哪些技术(　　)。
A. 应用软件技术　B. 应用数字技术
C. 应用系统技术　D. 应用网络技术
E. 应用电子技术

19. 在信息流层面上，企业管理信息系统的重点是(　　)。
A. 作业流　　B. 资金流　　C. 供应流　　D. 客户流
E. 企业物资流

20. 根据中小企业信息化战略规划模型，在战略目标制定之前应该完成下列哪些工作(　　)。
A. 远景　　B. 战术计划　　C. 现状分析　　D. 实施控制
E. 内外部条件分析

21. 根据中小企业信息化战略规划模型，在战略目标制定之后应该完成下列哪些工作(　　)。
A. 计划实施　　B. 战术计划　　C. 现状分析　　D. 实施控制
E. 条件分析

22. 中小企业信息化战略制定步骤包括(　　)。
A. 信息化战略环境的远景分析　　B. 信息化战略目标的确定
C. 信息化建设内容与方案的确定　　D. 信息化战略实施计划的制订
E. 信息化项目的监督与维护

23. 远景分析包括(　　)。
A. 行业环境　　B. 国内外环境
C. 信息系统维护　　D. 企业优势与劣势
E. 发展机遇与威胁

24. 企业信息化的战略目标和内容是根据下列哪些选项内容确定(　　)。
A. 企业发展的远景　　B. 企业的经济效益
C. 企业的组织结构　　D. 企业的竞争对手
E. 企业的内外部条件

25. 中小企业信息化发展的战略模式可以分为(　　)。
A. 关系模型　　B. 品质型模式
C. 市场型模式　　D. 效率型模式
E. 服务型模式

26. 服务型模式主要是运用于(　　)。
A. 服务业　　B. 制造业
C. 企业的销售部门　　D. 企业的营销部门
E. 企业的生产部门

27. 制造业一般采用下列哪些模式的结合提升其竞争力(　　)。
A. 关系模型　　B. 设计型模式
C. 市场型模式　　D. 效率型模式
E. 服务型模式

28. 零售业信息化建设的方向是下列哪些模式的结合(　　)。
A. 关系模型　　B. 设计型模式
C. 市场型模式　　D. 效率型模式
E. 服务型模式

29. 对于不参与实际生产的企业可以采用下列哪些模式的结合(　　)。
　A. 关系模型　　B. 设计型模式
　C. 市场型模式　　D. 效率型模式
　E. 服务型模式
30. 从事服务行业的企业的核心业务是(　　)。
　A. 事务管理　　B. 人力资源信息
　C. 人员流动信息　　D. 售后服务管理
　E. 业务的动态信息

三、名词解释

信息化　企业信息化　核心业务　企业制度创新　生产过程信息化　产品信息化　营销和服务信息化　企业管理信息化　市场模式　效率型模式　服务型模式　关系模型　依附型中小企业

四、简答题

1. 试简述中小企业信息化的特点
2. 试简述中小企业信息化建设中应注意的问题。
3. 试简述中小企业信息化建设的意义。
4. 试简述企业信息化的具体内容。
5. 试简述生产过程的智慧化的主要内容。
6. 试简述产品信息化实现的必备技术。
7. 试简述中小企业信息化战略模式的种类。
8. 试简述我国中小企业信息化现状形成的原因。

五、论述题

1. 试述中小企业信息化的特征。
2. 试述中小企业信息化战略制定步骤。
3. 试述我国中小企业信息化战略模式的选择。
4. 试述我国中小企业信息化战略的发展趋势。

六、案例分析

1. 结合以下案例，试述中小企业信息化建设的意义，以及在信息化建设过程中应注意的问题。

案例：上海乐雷光电技术有限公司是一家光电企业，主要经营 LED 产品，拥有员工 400 人。信息化以前，其在采购、销售等环节的管理数据均通过纸张传递，部门之间无法实时共享信息；同时，由于 LED 灯具的工艺变化快，企业为了保证生产而采购大量原料，致使库存积压现象长期存在。乐雷公司通过引入了用友畅捷通 T6 企业管理软件，对产、销、存等环节进行集中管理，消除了“信息孤岛”。通过 T6 管理软件，采购、生产部门可以快速制订出计划，销售人员也能实时掌握生产成本及进度，快速响应客户需求，提升企业竞争力。

2. 结合以下案例，试述政府为什么要大力扶持中小企业推进信息化改革。

案例：许多国家都采取了许多有助于企业信息化建设的行动。美国政府采取了许多措施，在1953年成立了小企业管理局，为小企业提供金融协助，为信息化的建设提供资金保障。1980年制定的《史蒂文森-怀特勒创新法》鼓励科技信息传播；1989年政府颁布了《国家竞争技术转移法》，为所获得的商业秘密、信息和数据等成果提供5年的保护期。1992年10月《加强小企业研究发展法》，改善了联邦政府向中小企业提供技术信息的途径。在20世纪90年代末，英国政府将信息化建设放在十分重要的位置，1998年5月首相布莱尔在“我们的信息时代：政府的观点”中首次宣布了要使英国处于全球信息技术的领先地位的这一战略决策。1998年12月，英国政府发表了白皮书《我们的未来：建立竞争的知识经济》，进一步明确了英国信息化建设的目标。

3. 结合以下案例，试述中小企业信息化的特点，及其信息化战略制定的具体步骤。

案例：随着经济的发展，中小企业处于激烈的竞争环境中，因此，要求信息化系统能够与业务快速成长匹配，具备一定的灵活性。金万维“数据库”的建设，是利用云计算的新技术将成熟的应用软件部署在云端，以服务方式将“应用服务”和“咨询服务”提供给园区。在这样的模式下，园区内的中小企业，首先可以在专业顾问指导下进行系统试用，在确认系统满足要求之后，再通过“租赁”服务购买“应用服务”。这样不仅免去了客户系统建设的复杂过程，降低了信息化投资的门槛和风险，并且还可以在后续使用过程中根据自身发展状况动态扩展系统规模。

4. 结合以下案例，试述导致我国中小企业信息化缺失的原因，并分析其将来的发展趋势。

案例：相关数据显示，我国中小企业中实现办公系统自动化的不到70%，只有40%左右的企业能用计算机管理部分业务，运用计算机软件进行企业管理的甚至不到10%。另外，其信息化建设还处于较低的单机商务应用层次，即运用计算机进行文字处理，报表制作和上网获取信息等基本的信息技术功能。这些操作实际上并没有改变企业管理流程，也没有真正利用信息系统来提高企业的竞争优势，从长远来说，这样的改进并不能为企业带来大的收益，仅仅只是提高了对信息获得和处理的效率而已。

参考答案

一、单项选择题

1. A　2. D　3. C　4. B　5. A　6. B　7. D　8. C
9. B　10. A　11. D　12. A　13. C　14. D　15. B　16. A
17. B　18. D　19. D　20. A　21. B　22. D　23. C　24. D
25. B　26. C　27. A　28. D　29. A　30. B　31. D　32. A
33. B　34. C　35. D　36. A　37. D

二、多项选择题

1. ABCD	2. ABE	3. ACDE	4. ABD	5. BCD
6. ABCDE	7. BD	8. ACDE	9. ACE	10. BCDE
11. ABCDE	12. CDE	13. AD	14. ABCDE	15. ABCD
16. ABE	17. BD	18. BD	19. ABE	20. ACE
21. ABD	22. ABCDE	23. ABDE	24. AE	25. ACDE
26. ACD	27. BD	28. CE	29. AC	30. ABE

三、名词解释

信息化：是指充分利用信息技术，开发利用信息资源，促进信息交流和知识共享，提高经济增长质量，推动经济社会发展转型的历史进程。信息化与工业化、现代化一样，是一个动态发展的过程。

企业信息化：企业能够在充分发掘和利用先进的信息技术的基础上，将信息资源应用于整个企业经营过程，实现企业系统化、自动化、高效化的过程。

核心业务：是指一个多元化经营的企业或企业集团中具有竞争优势并能够带来利润收入的主营业务，其运作过程就是企业的主导流程，它们是企业信息化改造的重点对象。

企业制度创新：是指不断对企业制度进行变革，将企业的生产方式、经营方式、分配方式、经营观念等规范化设计与安排的创新活动。

生产过程信息化：是指自动化技术在生产过程中的应用，即用自动化、智能化手段解决加工过程中的复杂问题，提高生产的质量、精度和规模制造水平。

产品信息化：是信息化的基础，一方面是指产品所含各类信息比重日益增大、物质比重日益降低，产品日益由物质产品的特征向信息产品的特征迈进；另一方面也表明越来越多的产品中嵌入了智能化元器件，使产品具有越来越强的信息处理功能。

营销和服务信息化：是指以新的方式、方法和理念，利用信息技术，开展网上营销和服务，更有效地促成个人和组织交易活动的实现。

企业管理信息化：是指在企业管理的各个活动环节中，充分利用现代信息技术建立信息网络系统，使企业的信息流、资金流、物流、工作流集成和整合，不断提高企业管理的效率和水平，实现资源的优化配置，进而提高企业经济效益和竞争能力的过程。

市场型模式：就是通过各种有效途径，不断扩大企业的市场份额，提高企业的商品在市场上所处的地位，加强企业对市场的控制能力。

效率型模式：就是采取效率优先的策略，在信息化的过程中，可以把效率模式具体化，如提高生产部门效率、市场部门、财务管理部门效率、售后服务部门效率等。

服务型模式：是指开发和利用信息技术，以客户为基础，建立客户信息系统，对不同的客户的需求进行登记，并且通过信息交流平台，进一步了解客户的习惯和偏好，联动整合客户的所有档案数据信息，提高企业的客服水平，增加客户的满意度。

关系模型：是指通过运用信息技术，维持和巩固企业在整个产业链中的位置。

依附型中小企业：是指那些具有一定的吸引力，作为大型企业上下游的辅助企业而存在，通过与大型企业长期稳定的合作而获得稳定回报的中小企业。

四、简答题

1. 中小企业信息化的特点：(1) 资金来源和投入压力大；(2) 信息化产品需求既有柔性又有多样性；(3) 信息化产品的相关服务要求到位；(4) 信息化建设能够获得短期回报。

2. 中小企业信息化建设中应注意的问题：(1) 详细地规划信息化战略；(2) 有条理地实施信息化战略；(3) 慎重地选择服务商；(4) 确保资金使用的效用最大化；(5) 有效运用互联网信息平台；(6) 积极地进行企业流程重组。

3. 中小企业信息化建设的意义：(1) 企业信息化是提高企业竞争力的需要；(2) 信息化是企业实现精细化管理的途径；(3) 信息化是满足客户个性化需求的保证；(4) 信息化有助于企业适应国际化市场。

4. 企业信息化的具体内容：(1) 设计信息化；(2) 生产过程信息化；(3) 产品信息化；(3) 营销和服务信息化；(5) 企业管理信息化；(6) 组织结构信息化。

5. 生产过程的智慧化的主要内容：(1) 利用计算机技术对老设备进行改造，使生产技术装备智慧化，这样能够提高设备的生产率，同时也减少了企业固定资本的投入。(2) 采用智能仪表和电子计算机对生产过程进行检测、处理、控制，实现生产自动化，这是确保产品质量、增加产量、降低成本的关键环节，是企业获得高效益的技术途径。(3) 产品设计的智能化，采用计算机辅助设计（CAD）、计算机辅助制造（CAM）等技术，实现产品设计自动化、智能化，缩短研究开发、试制周期，提高产品质量，增加产品品种。

6. 产品信息化实现的必备技术：(1) 应用数字技术，增加传统产品的功能，提高产品的附加值。(2) 应用网络技术，网络冰箱通过网络管理中心进行控制，可以向使用者通报何时需要添置新的食品，从而产生了新的附加值。

7. 中小企业信息化战略模式的种类：(1) 市场型模式；(2) 效率型模式；(3) 服务型模式；(4) 关系模型。

8. 我国中小企业信息化现状形成的原因：(1) 观念淡薄，信息意识落后；(2) 投入不足，资金配置不合理；(3) 人才缺乏，沟通机制不畅；(4) 价格昂贵，方案缺乏个性；(5) 基础薄弱，管理成为瓶颈；(6) 投入谨慎，态度保守观望；(7) 成效一般，发展亟待突破。

五、论述题

1. 答案要点：企业信息化特征：(1) 本质特征；(2) 形态特征；(3) 过程特征；(4) 阶段特征；(5) 效益隐性特征；(6) 内部关联性特征；(7) 外部关联性特征。

2. 答案要点：(1) 战略环境的远景分析；(2) 信息化战略目标的确定；(3) 信息化建设内容与方案的确定；(4) 战略实施计划的制订；(5) 信息化项目的监督与维护；(6) 信息化战略与方案的调整。

3. 答案要点：(1) 不同企业之间的发展模式可能并不一样。(2) 即使同一企业的不同阶段，在内部管理上的不同特点也决定了他们对信息化的需求是不同的。(3) 企业的信息流构成是不一样的，各种信息流的比重、作用、规模、频度也大相径庭。(4) 具体模式：制造业模式及其特点；商贸业模式及其特点；服务业模式及其特点；依附型企业模式及其特点。

4. 答案要点：(1) 企业信息化的层次不断加深；(2) 企业信息化的理念的国际化；(3) 企业信息化技术的专业化；(4) 企业信息化的区域差异。

六、案例分析

1. 答案要点：(1) 乐雷公司信息化的成功经历表明中小企业信息化意义重大，具体表现为：①企业信息化是提高企业竞争力的需要；②信息化是企业实现精细化管理的途径；③信息化是满足客户个性化需求的保证；④信息化有助于企业适应国际化市场。(3) 在信息化建设中，中小企业应注意：①详细地规划信息化战略；②有条理地实施信息化战略；③慎重地选择服务商；④确保资金使用的效用最大化；⑤有效运用互联网信息平台；⑥积极地进行企业流程重组。

2. 答案要点：(1) 中小企业在各个国家的经济发展中都起着至关重要的作用。(2) 现在企业信息化已经成为一种企业的未来发展趋势。(3) 只有通过信息化建设，才能适应国际化市场，才能在激烈的国际竞争中处于不败之地。(4) 为了更好地保护本国中小企业的发展，为了让本国的中小企业具有更强的国际竞争力，许多国家都采取了有助于企业信息化建设的行动。

3. 答案要点：(1) 根据金万维"数据库"为中小企业提供信息服务的方式，可以得知中小企业在信息化建设中：①资金来源和投入压力大；②信息化产品需求既有柔性又有多样性；③信息化产品的相关服务要求到位；④信息化建设能够获得短期回报。(2) 从案例中，可以得知在如此激烈的环境中，中小企业应该制定信息化战略，其具体步骤为：①战略环境的远景分析；②信息化战略目标的确定；③信息化建设内容与方案的确定；④战略实施计划的制订；⑤信息化项目的监督与维护；⑥信息化战略与方案的调整。

4. 答案要点：(1) 根据案例所提供的数据，我国中小企业目前基本上处于信息化空白型企业，原因：①观念淡薄，信息意识落后；②投入不足，资金配置不合理；③人才缺乏，沟通机制不畅；④价格昂贵，方案缺乏个性；⑤基础薄弱，管理成为瓶颈；⑥投入谨慎，态度保守观望；⑦成效一般，发展亟待突破。(2) 我国中小企业信息化未来的发展趋势：①企业信息化的层次不断加深；②企业信息化理念逐步国际化；③企业信息化技术进一步专业化；④企业信息化区域差异大。

第8章 中小企业文化战略

考核内容

通过本章学习，应该理解企业文化的内涵、构成、性质和功能；分析比较中外企业文化的主要特点及各自产生的社会背景；理解我国当前中小企业文化建设存在的问题和误区；掌握在中国社会经济文化背景下建设企业文化应遵循的原则和具体措施。

一、企业文化的内涵

企业文化就是指企业全体员工在企业运行过程中所培育形成的、与企业组织行为相关联的、事实上成为全体员工主流意识而被共同遵守的最高目标、价值体系、基本信念及企业组织行为规范的总和。

（一）企业文化的内容

企业文化通常包括四个层次的内容，分别是企业的物质文化、企业的行为文化、企业的制度文化、企业的精神文化。

（1）企业的物质文化。企业的物质文化是通过企业生产的产品或服务，企业的硬件设施及其企业所处的环境等体现出来的。物质文化是企业文化的外部表现形式。

（2）企业的行为文化。企业的行为文化是通过员工的行为规范和群体意识所体现出来的。企业高层管理者的行为规范更能体现企业文化的核心。

（3）企业的制度文化。企业的制度文化是指企业的规章制度，它包括公司章程、公司行为规范、企业的经营制度、企业的管理制度等。企业的制度文化是企业文化的外显文化。

（4）企业的精神文化。企业的精神文化是指导企业开展经营活动和管理活动，影响员工行为规范和群体意识，并以企业精神为核心的价值体系。

（二）企业文化的性质

（1）历史性；（2）人本性；（3）复杂性；（4）动态性；（5）有机性。

（三）企业文化的功能

企业文化有很多功能，主要的有以下六个方面。

（1）导向功能。企业文化的导向功能主要表现为价值导向功能和行为导向功能。

（2）激励功能。

（3）约束功能。企业文化的约束功能主要通过完善管理制度和道德规范来实现。

（4）凝聚功能。

（5）纽带作用。企业发展需要两种纽带，一个是物质、利益、产权的纽带；另一个是文化、精神、道德的纽带。

（6）辐射功能。

二、中外企业文化特点

（一）美国企业文化的特点

美国是大国中最年轻的国家，移民人口占人口总量的绝大部分。个人主义作为价值观念的基础，在美国根深蒂固，这是美国企业文化形成的背景。在此背景下形成的美国企业文化，主要有以下五个特点：（1）个性自由与勇于创新；（2）信奉功利主义；（3）人人平等与公平竞争；（4）崇尚英雄的企业家精神；（5）标新立异、敢于挑战权威。

（二）日本企业文化的特点

日本企业文化是日本企业在长期的生产经营活动中形成的并且为企业员工普遍认可和遵循的具有本企业特色的管理思想、管理方式、群体意识、价值观念和行为规范的总称。

（1）珍惜资源与团队精神。

（2）社会价值观。

企业文化的核心是企业价值观，包括企业哲学理念、经营观念、企业目标等，强调追求经济效益和社会效益的双重价值目标。

日本企业价值观突出表现为“致富经国”，就是紧密地把国家利益与企业效益联系在一起，提倡“综合即创造”的“拿来主义”；以人为本的人本管理；基于“家文化”的“命运共同体”；实行全员管理与柔性管理。

（三）中国企业文化的特点

（1）用人上论资排辈。

（2）管理上不得越级。

（3）决策上集体为主。

（4）治理上情重于法。

三、我国中小企业文化建设的状况

（一）我国中小企业文化建设的现状

（1）不重视企业文化的建设。

（2）对企业文化缺乏全面的认识。

（3）家族色彩浓厚。

（4）缺乏特色。

（二）我国中小企业文化建设存在的误区

（1）忽略企业文化的内涵。

（2）企业文化与企业管理脱钩。

（3）视企业文化为传统文化在企业管理中的直接运用。

（4）忽视了企业文化的创新和个性化。

四、中小企业文化建设应遵循的原则

推动中小企业文化科学系统构建需要遵循以下原则：（1）文化建设导入上要有目的性。（2）文化建设规划上要有渐进性。（3）文化建设内容上要有针对性。（4）文化建设要求上要有层次性。（5）文化建设方式上要有可操作性。

五、中小企业文化建设的措施

（1）提高企业领导者的素质，建立重视企业文化建设的观念。

（2）管理层正确引导，职工积极参与。

（3）注重将企业文化与企业内部制度管理相融合。

（4）通过绩效管理加深员工对企业文化的认识。

（5）根据企业发展实际情况，确定企业文化建设与再造的层次。

（6）以适合本企业的方法传播企业文化。

六、企业生命周期不同阶段的文化建设

（一）创业期的企业文化建设

创业期的企业文化是指企业在开始创业时期所展现的企业文化。创业期的企业文化的形成是通过吸取企业所处环境中的文化精髓，并与企业高层领导人的价值观及其创业理念进行融合，而形成的企业创业期的文化。创业期的企业文化建设十分重要，其中创新精神不可或缺。

（二）成长期的企业文化建设

随着创业的成功，以及企业的不断发展，会逐步形成一套属于自己的理论体系和企业文化。此阶段主要是精神文化逐渐形成的过程，企业文化对内在文化和外在文化不断的吸收、创新、融合，逐步成型。成长期的文化是一个量变的过程，是一个不断成长的过程。

（三）成熟期的企业文化建设

企业文化通过不断的积累，加上企业外部环境的不断变化，当企业文化达到一定的量变时就会产生质变，此时的企业文化理念达到了另一个高度。此时企业文化已经相当完善。此阶段是企业文化精神层面成熟的阶段，此阶段能最大效度地影响员工行为规范和群体意识。

（四）衰退期的企业文化建设

企业进入衰退期的特征主要表现为组织结构僵化，工作效率低下，企业文化不能适应环境的变化，企业文化进入混乱阶段。在现实生活中，很多企业不愿开展和完善企业文化建设，只想尽快得到成功的企业文化给企业带来的利益，不愿承担企业文化建设过程中出现的停滞或倒退给企业带来的损失，以致在企业衰退期企业文化建设更加不受重视。

重点和难点

本章需要重点掌握的知识点有：（1）企业文化的内涵和功能。（2）中小企业文化建设应遵循的原则。（3）中外不同企业文化的特点及其产生的社会背景。（4）我国中小企业文化建设中存在的误区。（5）不同生命周期阶段的企业在建设企业文化时的侧重点和对策。

同步综合练习题

一、单项选择题

1. 下列哪一项是指企业全体员工在企业运行过程中所培育形成的、与企业组织行为相关联的、事实上成为全体员工主流意识而被共同遵守的最高目标、价值体系、基本信念及企业组织行为规范的总和(　　)。
   A. 企业规模　B. 企业文化　C. 企业制度　D. 企业类型
2. 下列哪一项集中体现了一个企业经营管理的核心主张(　　)。
   A. 企业制度　B. 企业规模　C. 企业文化　D. 企业类型
3. 企业文化通常包括四个层次的内容，以下哪个层次是通过企业生产的产品、硬件设施及企业所处的环境体现出来的(　　)。
   A. 企业的物质文化　B. 企业的行为文化
   C. 企业的精神文化　D. 企业的制度文化
4. 企业文化的外在表现形式是(　　)。
   A. 企业的制度文化　B. 企业的行为文化
   C. 企业的精神文化　D. 企业的物质文化
5. 以下哪个层次的企业文化是通过员工的行为规范和群体意识所体现出来的(　　)。
   A. 企业的物质文化　B. 企业的行为文化
   C. 企业的精神文化　D. 企业的制度文化
6. 以下哪个层次的企业文化是指企业的规章制度，包括公司章程、行为规范、经营制度和管理制度等(　　)。
   A. 企业的物质文化　B. 企业的行为文化
   C. 企业的精神文化　D. 企业的制度文化
7. 以下哪个层次的企业文化是企业文化的外显文化(　　)。
   A. 企业的行为文化　B. 企业的制度文化
   C. 企业的精神文化　D. 企业的物质文化
8. 以下哪个层次的企业文化是指导企业开展经营活动和管理活动，影响员工行为规范和群体意识，并以企业精神为核心的价值体系(　　)。
   A. 企业的行为文化　B. 企业的制度文化
   C. 企业的精神文化　D. 企业的物质文化
9. 下列哪项不属于企业文化的性质(　　)。
   A. 历史性　B. 复杂性　C. 动态性　D. 有效性
10. 下列哪项不属于企业文化的性质(　　)。
    A. 历史性　B. 人本性　C. 外显性　D. 复杂性
11. “企业在一定的时空条件下产生、生存与发展，企业的现象本身就是当时社会政治、经济、文化的折射”，这反映了企业文化的(　　)。
    A. 历史性　B. 人本性　C. 动态性　D. 复杂性
12. 企业文化可以折射出一个地方区域的经济与文化特征，相反，企业文化一旦形成，也在改造着企业所处的环境。这是因为企业文化具有(　　)。

A. 有机性　B. 历史性　C. 动态性　D. 复杂性

13. 企业文化关注的中心是对企业中人的因素的管理与激发，这反应了企业文化的(　　)。

A. 复杂性　B. 人本性　C. 动态性　D. 有机性

14. 成功是不能复制的，企业文化也同样不能拷贝，这是因为企业文化具有(　　)。

A. 复杂性　B. 人本性　C. 动态性　D. 有机性

15. 随着企业的发展以及企业生存环境的变化，企业文化也随之发生改变，这反映了企业文化的哪一种特性(　　)。

A. 复杂性　B. 人本性　C. 动态性　D. 有机性

16. 企业文化既是一个有机整体系统，又是一个严密有序的有机结合体，这反映了企业文化的哪一种性质(　　)。

A. 复杂性　B. 人本性　C. 动态性　D. 有机性

17. 下列哪个选项不属于企业文化功能(　　)。

A. 导向功能　B. 激励功能　C. 开放功能　D. 约束功能

18. 在企业行为中，企业文化的导向功能发挥着重要的作用，其具体表现为价值导向功能和(　　)。

A. 精神导向功能　B. 行为导向功能

C. 活动导向功能　D. 物质导向功能

19. 下列哪一项是由企业的经营哲学和价值观念来实现的(　　)。

A. 价值导向功能　B. 精神导向功能

C. 行为导向功能　D. 活动导向功能

20. 当企业文化建设在社会上产生影响时，企业职工会产生强烈的荣誉感和自豪感，他们会加倍努力，用自己的实际行动去维护企业的荣誉和形象。这体现了企业文化的（　　）。

A. 导向功能　B. 约束功能　C. 凝聚功能　D. 激励功能

21. 下列哪一项体现在企业文化会将员工行为指向企业目标(　　)。

A. 价值导向功能　B. 精神导向功能

C. 行为导向功能　D. 活动导向功能

22. 企业文化所形成的文化氛围和价值导向属于下列哪种激励(　　)。

A. 物质　B. 精神　C. 价值　D. 文化

23. 企业文化的约束功能主要是通过下列哪个选项来实现(　　)。

A. 管理制度和道德规范　B. 管理制度和纪律规范

C. 公司制度和道德规范　D. 公司制度和纪律规范

24. 下列哪项是企业的内部法规(　　)。

A. 企业文化　B. 道德规范　C. 企业制度　D. 员工手册

25. 同仁堂药店“济世养生、精益求精、童叟无欺、一视同仁”的道德规范要求全体员工严格按工艺规程操作，体现了企业文化的什么功能(　　)。

A. 导向功能　B. 激励功能　C. 辐射功能　D. 约束功能

26. 职工发自内心的“厂兴我荣，厂衰我耻”，是企业文化哪一种功能的生动体现（　　）。
    A. 导向功能　B. 凝聚功能　C. 纽带功能　D. 辐射功能
27. 下列属于美国企业文化特点的是（　　）。
    A. 人本管理　B. 冒险精神　C. 团队精神　D. 避实就虚
28. GE公司“要让员工有强烈的求变意识，而且要善于应变”，体现了美国企业文化中的哪个特点（　　）。
    A. 标新立异、敢于挑战权威　B. 崇尚英雄的企业家精神
    C. 信奉功利主义　D. 个性自由与勇于创新
29. 日本企业价值观突出表现为将国家利益与企业效益紧密联系在一起，即（　　）。
    A. 利润最大化　B. 产业报国　C. 成本最小化　D. 致富经国
30. 欧洲的企业文化特点不包括下列哪项（　　）。
    A. 注重员工素质的人本管理　B. 和谐合作的文化氛围
    C. 社会价值观　D. 注重实效业绩与良好形象
31. 我国中小企业经营者关注的重点不包括（　　）。
    A. 战略管理　B. 财务管理　C. 企业文化　D. 营销管理
32. 中小企业文化建设应遵循的原则不包括（　　）。
    A. 导入上要有目的性　B. 内容上要有创新性
    C. 要求上要有层次性　D. 方式上要有可操作性
33. 下列哪一理论是从企业发展过程中的现象总结出来的，并反映了企业发展的规律（　　）。
    A. 企业生命周期理论　B. 企业生产周期理论
    C. 企业产品周期理论　D. 企业发展周期理论
34. 下列哪项是贯穿企业发展的主线，是企业的灵魂，是企业发展的精神动力（　　）。
    A. 企业制度　B. 企业结构　C. 企业规模　D. 企业文化
35. 通过吸取企业所处环境中的文化精髓，并与企业高层领导人的价值观及其创业理念进行融合，形成了什么时期的企业文化（　　）。
    A. 创业期　B. 成长期　C. 成熟期　D. 衰退期
36. 下列哪项是指随着企业创业的成功，企业不断发展，逐步形成了一套属于自己的理论体系和企业文化，其中主要是精神文化的建设（　　）。
    A. 创业期的企业文化建设　B. 成长期的企业文化建设
    C. 成熟期的企业文化建设　D. 衰退期的企业文化建设
37. 下列哪一时期是企业文化理念已经相当完善，企业文化精神层面十分成熟的阶段（　　）。
    A. 创业期　B. 成长期　C. 成熟期　D. 衰退期
38. 下列哪一阶段的企业文化建设表现为组织结构僵化，工作效率低下，企业文化不能适应环境的变化，企业高层管理者的执行力明显下降（　　）。
    A. 创业期　B. 成长期　C. 成熟期　D. 衰退期
39. 在企业发展的不同阶段，对于企业文化建设最为重要的阶段是（　　）。

A. 企业创立期　　B. 企业成长期
C. 企业成熟期　　D. 企业衰退期

二、多项选择题

1. 关于企业文化的描述，下列正确的是(　　)。
A. 企业文化是以解决问题为宗旨　　B. 企业文化是习得的
C. 企业文化是被自觉维护的　　D. 企业文化维系企业持续发展
E. 企业文化集中反映了企业的关键价值
2. 企业文化通常包括以下哪几个层次的内容(　　)。
A. 企业的物质文化　　B. 企业的行为文化
C. 企业的组织文化　　D. 企业的精神文化
E. 企业的制度文化
3. 企业文化的性质主要表现为(　　)。
A. 历史性　　B. 人本性　　C. 动态性　　D. 有机性
E. 复杂性
4. 下列哪些选项属于企业文化功能(　　)。
A. 导向功能　　B. 激励功能　　C. 凝聚功能　　D. 约束功能
E. 辐射功能
5. 企业文化的导向功能主要表现为(　　)。
A. 价值导向功能　　B. 精神导向功能
C. 行为导向功能　　D. 活动导向功能
E. 物质导向功能
6. 企业文化的约束功能主要通过完善以下哪些方面来实现(　　)。
A. 管理制度　　B. 纪律规范　　C. 薪酬制度　　D. 道德规范
E. 员工手册
7. 企业要健康和持续发展需要两种纽带，分别为(　　)。
A. 物质、利益、产权的纽带　　B. 文化、精神、道德的纽带
C. 物质、权力、关系的纽带　　D. 文化、素养、精神的纽带
E. 权力、素养、关系的纽带
8. 美国是一个移民国家，其文化的主要特点包括以下哪些方面(　　)。
A. 个性自由与勇于创新　　B. 信奉功利主义
C. 人人平等与公平竞争　　D. 崇尚英雄的企业家精神
E. 标新立异、敢于挑战权威
9. 日本企业文化特点具体表现(　　)。
A. 珍惜资源与团队精神　　B. 实行全员管理与柔性管理
C. 提倡“综合即创造”的“拿来主义”
D. 以人为本的人本管理
E. 基于“家文化”的“命运共同体”
10. 日本企业文化是日本企业在长期的生产经营活动中形成的、为企业员工普遍认可且

遵循的具有本企业特色的（　　）的总称。

A. 管理思想　B. 管理方式　C. 群体意识　D. 价值观念

E. 行为规范

11. 企业文化的核心是企业价值观，包括企业哲学理念、经营观念、企业目标等，强调追求（　　）。

A. 经济效益　B. 社会效益　C. 国家利益　D. 企业效益

E. 社会责任

12. 欧洲企业文化明显区别于美国的以自由、个性、追求多样化、勇于冒险为特征的企业文化，也区别于日本企业强调团队取胜的企业文化，主要表现在以下哪些方面（　　）。

A. 注重员工素质的人本管理　B. 和谐合作的文化氛围

C. 诚信为本的自觉行为　D. 注重实效业绩与良好形象

E. 社会价值观

13. 欧洲企业普遍重视员工培训，主要进行的培训包括哪些方面（　　）。

A. 使新进入的人员成为熟练工　B. 使技术工向管理人员转变

C. 使研究人员提高专业知识技能　D. 使在岗熟练工不断提高知识技能

E. 使中层管理者成为高层管理者

14. 中国的文化源远流长，中国的企业受传统文化的影响很深，企业文化呈以下特点（　　）。

A. 用人上论资排辈　B. 管理上不得越级

C. 决策上集体为主　D. 治理上情重于法

E. 和谐合作的文化氛围

15. 我国中小企业文化建设的现状包括下列哪些方面（　　）。

A. 不重视企业文化的建设　B. 对企业文化缺乏全面的认识

C. 不重视企业文化对员工的影响　D. 家族色彩浓厚

E. 缺乏特色

16. 推动中小企业文化科学系统构建需要遵循下列哪些原则（　　）。

A. 文化建设导入上要有目的性　B. 文化建设规划上要有渐进性

C. 文化建设内容上要有针对性　D. 文化建设要求上要有层次性

E. 文化建设方式上要有可操作性

17. 中小企业文化建设的具体措施包括下列哪些方面（　　）。

A. 提高企业领导者的素质，建立重视企业文化建设的观念

B. 管理层正确引导，职工积极参与

C. 注重将企业文化与企业内部制度管理相融合

D. 通过绩效管理加深员工对企业文化的认识

E. 以适合本企业的方法传播企业文化

18. 企业生命周期不同阶段的文化建设包括（　　）。

A. 创业期的企业文化建设　B. 成长期的企业文化建设

C. 成熟期的企业文化建设　D. 鼎盛期的企业文化建设

E. 衰退期的企业文化建设

19. 创业期的企业文化主要是下列哪几种文化的积累(　　)。
A. 物质文化　B. 精神文化　C. 制度文化　D. 理论文化
E. 地域文化

20. 在企业文化生命周期的不同阶段中，企业文化建设最为关键的时期是(　　)。
A. 创业期　B. 成长期　C. 成熟期　D. 巅峰期
E. 衰退期

21. 罗宾斯提出的传播企业文化的方法有(　　)。
A. 讲故事　B. 公司仪式　C. 领导示范　D. 物质象征
E. 公司语言

三、名词解释

企业文化　物质文化　行为文化　制度文化　精神文化

四、简答题

1. 简述美国企业文化的特点。
2. 简述日本企业文化的特点。
3. 简述欧盟企业文化的特点。
4. 简述中国企业文化的特点。
5. 简述我国中小企业文化建设的现状。
6. 如何加强中小企业文化建设?
7. 简述推动中小企业文化科学系统构建需要遵循哪些原则。

五、论述题

1. 试述企业文化特点对我国企业文化建设的启示。
2. 试述我国中小企业文化建设存在的误区。
3. 试述中小企业文化建设的具体措施。
4. 试述企业在创业期的文化建设有哪些特点。

六、案例分析

1. 结合案例分析美国企业文化的特点。

案例：比尔·盖茨独特的个性和高超技能造就了微软公司的文化品位。这位精明的、精力充沛且富有幻想的公司创始人，极力寻求并任用与自己类似的既懂得技术又善于经营的经理人员；他向来强调以产品为中心来组织管理公司，超越经营职能，大胆实行组织创新；极力在公司内部和应聘者中挖掘同自己一样富有创新和合作精神的人才并委以重任。比尔·盖茨被其员工形容为一个幻想家，是一个不断积蓄力量和疯狂追求成功的人。他的这种个人品质，深深地影响着公司。他雄厚的技术知识存量和高度敏锐的战略眼光以及在他周围汇集的一大批精明的软件开发和经营人才，使自己及其公司屹立于这个迅速发展的公司和行业的最前沿。盖茨善于洞察机会，紧紧抓住这些机会，并能使自己个人的精神风范在公司内贯彻到底，从而使整个公司的经营管理和产品开发等活动都带有盖茨色彩。

2. 结合案例分析谭木匠成功的关键。

案例：10多年前，谭木匠还只是一家手工小作坊，现在，谭木匠的营销网络遍及30多个省（自治区、直辖市），在全国建立起500多家专卖店，从小到大，产品由单一到多样，现已发展成为集梳理用品、家具、饰品为一体的专业化公司。谭木匠的创始人谭传华对于自己的成功，是这样说的："企业的最大价值在于文化。我觉得文化不是很虚的东西，而是很实的东西。做'百年老店'，文化是核心，产、供、销仅仅是外边的'壳'。文化不是一种口号，而是企业的一种行为方式，是行为的识别系统。"谭木匠在创立之初就非常重视企业文化的建设，在卖梳子的同时也卖文化。

谭木匠在发展过程中始终秉承着"诚实"的信念。1995年，在决定以"谭木匠"做商标并正式向市场推广时，公司还有企业创建时的三峡牌库存梳子15万把，有的人就建议趁公司的产品还有一定知名度，就把库存产品夹在新产品中销售出去。可谭传华最终选择了"烧"。眼前虽然烧掉了几十万元钱，但他认为这一烧能浇铸一种信誉和品牌。果然，"谭木匠"木梳迅速走红，产值每年都以3倍的速度递增。因为谭木匠梳子是天然材料制成的，所以，容易因为使用不当而发生损坏，一开始专卖店都不愿意"自揭其短"，怕影响销售。于是，谭传华决定，将产品弱点直接印在产品包装上，以昭示顾客。他说，这是对消费者诚实。

3. 结合案例分析企业文化具有什么功能。

案例：1998年3月25日，在美国哈佛商学院内，工商管理硕士二年级学生的课堂上呈现一派异常热烈的景象，大家正欣喜万分地迎接一位陌生的老师——来自中国的企业家海尔集团首席执行官张瑞敏。"请大家想想看，1984年张瑞敏先生面临的严重挑战是什么？"林·佩恩教授循循善诱地向大家提出一个又一个问题。"海尔具有每年增长80%的速度，成为家电领域发展最快的企业，大家认为什么是决定海尔成功的主要因素？你若是张先生，又如何作出决策？海尔管理为什么是有效的？一条'休克鱼'为什么能被海尔文化激活？为什么研究企业文化就是研究活力？"学员们各自发表着看法。张瑞敏听着各国硕士生的提问和对海尔文化案例的热烈讨论，对他们提出的问题一一作了解答。一位美国的学生说："从张先生的讲课中，我第一次了解到中国企业成功的管理！"张瑞敏是走上哈佛讲坛的第一位中国企业家，以海尔的卓著业绩和精辟经营理念让世界认识了中国企业与成功的海尔文化。这一事件在中国企业管理史上具有重要历史意义，它说明，中国企业只要创新，同样也可以在企业管理方面为世界作出贡献。

参考答案

一、单项选择题

1. B	2. C	3. A	4. D	5. B	6. D	7. D	8. C
9. D	10. C	11. A	12. B	13. B	14. A	15. C	16. D
17. C	18. B	19. A	20. D	21. C	22. B	23. A	24. C

25. D　26. B　27. B　28. D　29. D　30. C　31. C　32. B
33. A　34. D　35. A　36. B　37. C　38. D　39. A

二、多项选择题

1. ABCDE　2. ABDE　3. ABCDE　4. ABCDE　5. AC
6. AD　7. AB　8. ABCDE　9. ABCDE　10. ABCDE
11. AB　12. ABCD　13. AD　14. ABCD　15. ABDE
16. ABCDE　17. ABCDE　18. ABCE　19. AC　20. BC
21. ABDE

三、名词解释

企业文化：就是指企业全体员工在企业运行过程中所培育形成的、与企业组织行为相关联的、事实上成为全体员工主流意识而被共同遵守的最高目标、价值体系、基本信念及企业组织行为规范的总和。

物质文化：是通过企业生产的产品或服务，企业的硬件设施及其企业所处的环境等体现出来的。物质文化是企业文化的外部表现形式。

行为文化：是通过员工的行为规范和群体意识所体现出来的。企业高层管理者的行为规范更能体现企业文化的核心。

制度文化：主要是指企业的经营制度、公司章程，企业管理制度等强制性的文化。

精神文化：是指导企业开展经营活动和管理活动，影响员工行为规范和群体意识，并以企业精神为核心的价值体系。

四、简答题

1. 美国企业文化的特点：个性自由与勇于创新；信奉功利主义；人人平等与公平竞争；崇尚英雄的企业家精神；标新立异、敢于挑战权威。

2. 日本企业文化的特点：珍惜资源与团队精神；实行全员管理与柔性管理；提倡“综合即创造”的“拿来主义”，以人为本的人本管理；基于“家文化”的“命运共同体”。

3. 欧盟企业文化的特点：注重员工素质的人本管理；和谐合作的文化氛围；诚信为本的自觉行为；注重实效业绩与良好形象。

4. 中国企业文化的特点：用人上论资排辈；管理上不得越级；决策上集体为主；治理上情重于法。

5. 我国中小企业文化建设的现状：(1) 不重视企业文化的建设；(2) 对企业文化缺乏全面的认识；(3) 家族色彩浓厚；(4) 缺乏特色。

6. 加强中小企业文化建设需要：(1) 提高企业领导的者素质，建立重视企业文化建设的观念。(2) 管理层正确引导，职工积极参与。(3) 注重将企业文化与企业内部制度管理相融合。(4) 通过绩效管理加深员工对企业文化的认识。(5) 根据企业发展实际情况，确定企业文化建设与再造的层次。(6) 以适合本企业的方法传播企业文化。

7. 推动中小企业文化科学系统构建需要遵循的原则：(1) 文化建设导入上要有目的性；(2) 文化建设规划上要有渐进性；(3) 文化建设内容上要有针对性；(4) 文化建设要求上要有层次性；(5) 文化建设方式上要有可操作性。

五、论述题

1. 答案要点：无论是欧美企业还是日本企业，他们成功的共同点都在于将人（社会文化的载体）与企业（经济活动的载体）以双向互动的方式有机融合。因此，建设我国企业的管理文化应当是一个具有独创性、包容性与民族性的过程：(1) 更新思想观念；(2) 立足民族精神。

2. 答案要点：中国企业文化建设过程中走入的几个误区。(1) 忽略企业文化的内涵。(2) 企业文化与企业管理脱钩。(3) 视企业文化为传统文化在企业管理中的直接运用。(4) 忽视了企业文化的创新和个性化。

3. 答案要点：中小企业文化建设包括以下措施。(1) 提高企业领导者的素质，建立重视企业文化建设的观念。(2) 管理层正确引导，职工积极参与。(3) 注重将企业文化与企业内部制度管理相融合。(4) 通过绩效管理加深员工对企业文化的认识。(5) 根据企业发展实际情况，确定企业文化建设与再造的层次。(6) 以适合本企业的方法传播企业文化。

4. 答案要点：(1) 创业期的企业文化是指企业在开始创业时期所展现的企业文化。(2) 创业期的企业文化的形成是通过吸取企业所处环境中的文化精髓，并与企业高层领导人的价值观及其创业理念进行融合，而形成了企业创业期的文化。(3) 此时期主要是物质文化和制度文化的积累，是一些简单的理念所形成的企业文化。(4) 创业期的企业文化建设是最为重要的，其中创新精神不可或缺。(5) 创业期的企业文化对企业的后续发展有着巨大的影响，健康的创业期文化对企业的发展具有推动作用；病态的创业期文化对企业的发展具有阻碍作用。

六、案例分析

1. 答案要点：美国作为一个移民国家，根基尚浅的民族文化中缺少思想的禁锢与僵化的传统。个人主义作为价值观念的基础，在美国根深蒂固，这是美国企业文化形成的背景。在美国个人主义背景下形成的美国企业文化，主要有以下五个特点：(1) 个性自由与勇于创新。(2) 信奉功利主义。(3) 人人平等与公平竞争。(4) 崇尚英雄的企业家精神。(5) 标新立异、敢于挑战权威。

2. 答案要点：(1) 企业文化作为企业发展的软实力，对企业有着至关重要的作用。(2) 企业文化是企业的灵魂，是推动企业发展的动力。分析谭木匠的成功经验可知企业不仅要有自己的文化，更要在创业初期建立企业文化。(3) 案例中，谭传华一开始就从战略的角度，高瞻远瞩，建立了以诚信为核心的文化，当年烧掉的15万把库存滞销梳子，不仅让员工认同了企业文化，更让社会接受了谭木匠，奠定了谭木匠在消费者心目中的地位，为谭木匠的发展铺就了一条成功之路。从谭木匠商标的更换，到古朴、典雅，充满传统文化气息的店面设计，再到15万把梳子的销毁，谭木匠的企业文化始终根植于传统的中国文化。

3. 答案要点：(1) 该案例重点反映了企业文化的辐射功能。(2) 企业文化的辐射作用表现在企业文化会对企业外部、对小区、对社会发生辐射作用和影响力、感染力。文化力辐射的渠道很多，主要包括传播媒体、公共关系活动等。(3) 企业文化是企业在特定的历史背景下、特定的人文环境、社会道德、文化价值观、社会关系中自然形成并总结出来的一种文化现象。它不是企业在创业初期就设计出来的一种固有的文化发展模式，也并非是企业用金钱打造出来的灌输给社会群体的一种文化现象。(4) 企业文化起源于某企业，但其表现在社会公众中，并会影响社会某一群体的思维、生活和工作。(5) 海尔向国际化发展，以及海尔突破一千亿销售额，使海尔企业文化已经被无数人研究和传颂，其依托“斜坡球理论”的发展观、“赛马不相马”的用人观、“只有淡季的思想，而没有淡季的市场；只有疲软的思想，而没有疲软的市场”的市场观等，都是人们津津乐道、交口称誉的经典管理法则，在海尔一系列的成就映照下成为众多企业家倾心向往的管理境界。在“成功的企业都是相似的，失败的企业各有各的不幸”的注解下，海尔企业文化理念成为众多企业研究学习的对象。

第9章 中小企业国际化战略

考核内容

通过本章学习，应该掌握企业国际化的概念、相关理论、特点，中小企业国际化经营的动机与目的，战略选择，国际化的影响因素，中小型跨国企业的界定标准和优势。

一、企业国际化的概念

关于企业国际化的概念，仁者见仁，智者见智，主流的国际化概念有以下几种说法：

(1) 企业国际化是企业由国内市场向国际市场发展的渐进演变过程，公司随着知识与市场投入的增加，而提高国际参与度。

(2) 企业国际化是企业参与国际产品及要素市场竞争的一种行为表现。

(3) 企业国际化是指企业的跨国活动，这些活动包括产品出口、直接投资、技术许可、管理合同、特许经营等。

(4) 企业国际化是指企业走向世界的过程。企业走向世界的过程可以从两个方面进行讨论，一方面是企业经营的国际化，另一方面是企业自身的国际化。

二、企业国际化的相关理论

(一) 传统企业国际化理论

1. 产品生命周期理论

产品生命周期理论分为三个阶段：开发期、成熟期、衰退期。

2. 内部化理论

内部化理论的核心内容是公司在经营活动过程中，面临内部和外部各种市场障碍。企业为克服外部市场障碍或弥补市场机制的内在缺陷必须付出高昂的交易成本。

3. 国际折中理论

国际生产折中理论由邓宁在其撰写的《经济活动的贸易区位与多国企业：一种折中理论的探索》中提出。该理论要求，企业在实施国际化经营时必须考虑三种因素：所有权特定因素、内部化因素和区位因素。

(二) 中小企业国际化比较优势理论

1. 小规模技术理论

美国经济学家刘易斯·韦尔斯在其撰写的《第三世界跨国企业》一书中，从三个方面分析中小企业实施国际化战略的比较优势。

2. 技术地方化理论

该理论认为即使发展中国家跨国公司的技术特征表现为规模小、标准化和劳动密集型的性质，但技术变动性本身能够使其同样拥有竞争优势。

3. 技术创新和产业升级理论

该理论的主要观点是：发展中国家技术能力的提高是与它们对外投资的累积增长直接相关的，技术能力的积累是影响其国际生产活动的决定性因素，同时也影响着其对外投资的形式和增长速度。

(三) 新兴的中小企业国际化理论

(1) 中小企业国际化的渐进理论。中小企业国际化的渐进理论认为企业国际化经营应该分阶段进行，其国际化是一个渐进的过程。

(2) 中小企业国际化的“知识经济-竞争力”理论。

(3) 中小企业国际化的网络资源依赖理论。约翰孙和麦特森将实施国际化战略的企业划分为四种类型：早行动企业、孤独的国际化企业、晚行动企业和全球企业。

三、中小企业国际化经营的动机、目的和过程

(一) 中小企业国际化经营的动机

(1) 经济全球化和跨国公司中国战略的新取向是客观条件。

(2) 走向国际市场是我国中小企业进一步成长和扩张的必然路径。

(3) 加入WTO后我国中小企业面临的巨大机遇与挑战。

(4) 国内市场状况及中小企业面临的困境要求中小企业走出国门。

(二) 国际化的过程

一般而言，企业的国际化阶段会经历从初级（出口）、中级（设立海外贸易机构）到高级（设立海外生产基地）的逐步深化和高级化的过程。通常，可以把企业的国际化发展过程分为四个阶段：

第一阶段：间接的、被动的非经常性进出口阶段。

第二阶段：直接或主动的经常性的进出口阶段。

第三阶段：设立海外分支机构。

第四阶段：全球导向型阶段。

四、中小企业一般的国际化战略

(一) 全球战略

全球战略是指当降低成本的压力很高而当地市场压力较低时，企业提供标准化产品和服务，并在少数地区从事集中化经营，通过全球规模的集权管理和规模经济来建立成本优势。

(1) 全球战略的优势：公司高层在很大程度上集中控制着公司的战略规划；标准化导致规模经济和低成本；在全球范围内创造统一的质量标准。

(2) 全球战略的风险：单一区位可能导致较高的关税和运输成本；活动集中化可能增加对单一设备的依赖；适应当地市场的能力有限。

(二) 多国本土化战略

多国本土化战略又称多国战略，是根据不同国家的不同市场，提供更能满足当地市场需要的产品和服务。实施多国本土化战略的公司首先在其自己的国内市场开发产品，然后把产品提供给国外的子公司进行销售或改造。

五、中小企业国际化进入方式

按照企业是依靠走出去还是引进来的方式，可以将企业国际化战略划分为内向型和外

向型国际化战略；按照企业国际化发展是否是循序渐进的，可以分为渐进型和跨越发展型；按照企业与企业之间的关系，又可以分为跟随与纳入战略以及集群战略；按照品牌这一个角度，又可以分为 OEM 品牌战略和混合品牌战略以及品牌共享战略。

（一）国际市场的进入方式

（1）内向型国际化战略，包括进口、引进技术、与外商举办合资、合作企业。

（2）外向型国际化战略，包括出口、对外直接投资、实施市场缝隙战略。

（二）中小企业联合协作战略

1. 跟随和纳入战略

跟随战略一般有以下几种方式：（1）海外建立工业园区；（2）间接跟随方式；（3）合资企业形式。

2. 集群战略

集群是指以一个主导产业、各种优势以及地域等为核心的相关产业或某特定领域内大量相互联系的企业及其支持机构在该区域空间内的集合 。目前集群战略主要有以下几种方式：（1）产业链集群；（2）优势互补集群；（3）地域集群。

重点和难点

本章需要重点掌握的知识点有：（1）企业国际化的概念、特点。（2）国际市场的进入方式。（3）中小企业国际化经营的动机、目的和过程。（4）影响企业进入国际市场的模式选择的因素。（5）中小型跨国公司的界定。（6）我国中小型跨国公司的优势。

同步综合练习题

一、单项选择题

1. 下列哪一项是企业由国内市场向国际市场发展的渐进演变过程(　　)。
   A. 企业多元化　　B. 企业国际化
   C. 企业本土化　　D. 企业专业化
2. 当前企业国际化的特点不包括下列哪一项(　　)。
   A. 多元化的产权主体　　B. 激励机制不断升华
   C. 品牌经营和规模经营同步
   D. 良好的人员管理机制和产品营销机制
3. 下列哪一项不属于传统企业国际化理论(　　)。
   A. 产品生命周期理论　　B. 小规模技术理论
   C. 国际折中理论　　D. 内部化理论
4. 下列哪一理论是由英国学者巴克利、卡森和加拿大的拉格曼等共同创立和发展起来(　　)。
   A. 内部化理论　　B. 生命周期理论
   C. 小规模技术理论　　D. 技术地方化理论
5. 根据国际折中理论，企业在实施国际化经营时必须考虑三种因素，以下哪一选项不属于这三种因素之一(　　)。
   A. 区位因素　　B. 所有权特定因素
   C. 内部化因素　　D. 规模因素
6. 下列哪一项不属于中小企业国际化比较优势理论(　　)。
   A. 小规模技术理论　　B. 技术地方化理论
   C. 国际折中理论　　D. 技术创新和产业升级理论
7. 越来越多的中小企业视国际化经营为战略之一，其中经济全球化和跨国公司中国战略的新取向是(　　)。
   A. 客观条件　　B. 必然路径
   C. 机遇与挑战　　D. 前提条件
8. 越来越多的中小企业视国际化经营为战略之一，其中走向国际市场对我国中小企业进一步成长和扩张来说是(　　)。
   A. 客观条件　　B. 必然路径
   C. 机遇与挑战　　D. 前提条件
9. 越来越多的中小企业视国际化经营为战略之一，在此过程中我国中小企业面临的巨大机遇与挑战是(　　)。
   A. 经济全球化　　B. 走向国际市场
   C. 国内市场状况　　D. 加入 WTO
10. 下列哪项不属于我国中小企业国际化经营的目的(　　)。
    A. 积极参与国际竞争，争取更多国际资源

B. 开拓更广阔的产品市场，扩大出口贸易

C. 拓宽企业发展空间，增强企业活力

D. 吸收先进技术，提高企业技术能力

11. 直接或主动的、经常性的进出口，属于国际化过程中的第几阶段（　　）。

A. 第一阶段　B. 第二阶段　C. 第三阶段　D. 第四阶段

12. 间接的、被动的非经常性进出口，属于国际化过程中的第几阶段（　　）。

A. 第一阶段　B. 第二阶段　C. 第三阶段　D. 第四阶段

13. 设立海外分支机构，企业全面参与国际营销活动，属于国际化过程中的第几阶段（　　）。

A. 第一阶段　B. 第二阶段　C. 第三阶段　D. 第四阶段

14. 企业把全球市场作为一个整体来考虑，属于国际化过程中的第几阶段（　　）。

A. 第一阶段　B. 第二阶段　C. 第三阶段　D. 第四阶段

15. 下列哪一说法是正确的（　　）。

A. 企业国际化的发展阶段是由低到高线性排列的，但企业的国际化经营不总是由低到高，每个阶段依次发展的

B. 企业国际化的发展阶段是由低到高线性排列的，因此企业的国际化经营也是由低到高，每个阶段依次发展的

C. 企业国际化的发展阶段是由高到低线性排列的，因此企业的国际化经营也是由高到低，每个阶段依次发展的

D. 企业国际化的发展阶段是由高到低线性排列的，但企业的国际化经营不总是由高到低，每个阶段依次发展的

16. 下列哪项不属于全球战略的优势（　　）。

A. 公司高层在很大程度上集中控制着公司的战略规划

B. 标准化导致规模经济和低成本

C. 活动集中化

D. 在全球范围内创造统一的质量标准

17. 下列哪项不属于全球战略的风险（　　）。

A. 单一区位　B. 活动集中化

C. 适应当地市场的能力　D. 标准化

18. 下列哪项不属于多国本土化战略的风险（　　）。

A. 单一区位可能导致较高的关税和运输成本

B. 缺乏利用规模经济以实现成本节约能力

C. 由于环境变化可能导致“过度适应”或“适应不足”

D. 无法向外国市场转移独特竞争能力

19. 下列哪项不属于跨国战略的优势（　　）。

A. 能把差别化的产品转移到海外市场

B. 能够实现规模经济并适应当地市场

C. 能增加知识流动和学习

D. 能将活动定位于最优区位

20. 国际战略的劣势表现在(　　)。
A. 在决定活动的最优区位时面临独特的挑战
B. 在国外各个生产基地投入生产建设，因此形成重复成本
C. 缺乏利用规模经济以实现成本节约的能力
D. 由于环境变化可能导致“过度适应”或“适应不足”

21. 下列哪项不属于按照企业与企业之间关系划分的企业国际化战略(　　)。
A. 品牌共享战略　　B. 跟随战略
C. 纳入战略　　D. 集群战略

22. 下列哪项不属于从品牌角度划分的企业国际化战略(　　)。
A. OEM 品牌战略　　B. 混合品牌战略
C. 品牌共享战略　　D. 品牌创新战略

23. 内向型国际化战略不包括下列哪一项(　　)。
A. 进口　　B. 出口　　C. 引进技术
D. 在国内与外商举办合资、合作企业

24. 外向型国际化战略不包括下列哪一项(　　)。
A. 出口　　B. 市场缝隙战略
C. 对外直接投资　　D. 在国内与外商举办合资企业

25. 下列哪一项是中小企业实施外向国际化战略最简单的、具有最小成本优势的方式(　　)。
A. 进口　　B. 出口　　C. 引进技术
D. 在国内与外商举办合资、合作企业

26. 中小企业应该根据自身的生产研发能力和市场需求情况生产供应其产品和服务，体现了中小企业出口产品设计的哪一项原则(　　)。
A. 实事求是原则　　B. 差异化原则
C. 市场需求原则　　D. 低售后服务或零售后服务原则

27. 出口的产品应该是根据不同的国际消费市场特征而生产研发的，体现了中小企业出口产品设计的哪一项原则(　　)。
A. 实事求是原则　　B. 差异化原则
C. 市场需求原则　　D. 低售后服务或零售后服务原则

28. 生产产品或提供服务时应当满足进口国顾客的需要，体现了中小企业出口产品设计的哪一项原则(　　)。
A. 实事求是原则　　B. 差异化原则
C. 市场需求原则　　D. 低售后服务或零售后服务原则

29. 选择出口的产品应是对企业售后服务要求不高的产品，如外贸鞋、服饰、打火机等产品，体现了中小企业出口产品设计的哪一项原则(　　)。
A. 实事求是原则　　B. 差异化原则
C. 市场需求原则　　D. 低售后服务或零售后服务原则

30. 中小企业对外投资时，在区位选择上应采取什么战略(　　)。
A. 逐步推进战略　　B. 渐进发展战略

C. 一步到位战略　　D. 跨越发展战略

31. 实践证明下列哪一项是解决发展中国家中小企业资金短缺问题的重要途径（　　）。

A. 外商投资　　B. 劳动力队伍缩减

C. 多方融资　　D. 培养核心专长

32. 下列哪项不属于渐进发展战略的具体表现（　　）。

A. 产品转型的渐进性　　B. 目标市场选择的渐进性

C. 国际化方式选择的渐进性　　D. 组织结构调整的渐进性

33. 中小企业以国内大企业为核心，在实施国际化战略时将整个或大部分产业链转移到国外，属于下列哪种模式（　　）。

A. 间接跟随　　B. 在海外建立工业园区

C. 合资企业形式　　D. 许可证形式

34. 下列哪些不属于集群战略（　　）。

A. 产业链集群　　B. 优势互补集群

C. 品牌集群　　D. 地域集群

35. 浙江省已形成若干中小企业集群，如绍兴的轻纺面料、义乌的小商品、乐清的低压电器、温州的皮鞋、永康的小五金、海宁的皮革服装等，这反映了集群战略中的哪一种方式（　　）。

A. 产业链集群　　B. 优势互补集群

C. 品牌集群　　D. 地域集群

36. 浙江的皮鞋生产企业并不是一般的“小而全”的企业，它们的分工非常精细，从生产到设计等相关环节的发展都相当成熟，这反映了集群战略中的哪一种方式（　　）。

A. 产业链集群　　B. 优势互补集群

C. 品牌集群　　D. 地域集群

37. 无锡飞马纺织器材有限公司、中国纺织机械和技术进出口公司及无锡纺织机械器材工业公司等三家企业各取所长共同出资在巴基斯坦建立了飞马纺织器材（巴基斯坦）有限公司，这反映了集群战略中的哪一种方式（　　）。

A. 产业链集群　　B. 优势互补集群

C. 品牌集群　　D. 地域集群

38. 下列哪一项不属于中小企业品牌战略（　　）。

A. OEM 品牌战略　　B. OME 品牌战略

C. 混合品牌战略　　D. 品牌共享战略

39. 下列哪一项不属于中小企业品牌战略（　　）。

A. OEM 品牌战略　　B. 品牌共享战略

C. 混合品牌战略　　D. 自有品牌战略

40. 下列哪项战略比较适合中小企业国际化的早期阶段（　　）。

A. OEM 品牌战略　　B. 混合品牌战略

C. 地域集群战略　　D. 跟随战略

41. 影响企业进入国际市场模式选择的内部因素为(　　)。
A. 市场因素　B. 环境因素　C. 产品因素　D. 生产因素
42. 下列哪项不属于影响企业进入国际市场模式选择的外部因素(　　)。
A. 市场因素　B. 环境因素　C. 产品因素　D. 国内因素

二、多项选择题

1. 下列哪几种说法属于主流的企业国际化概念(　　)。
A. 企业国际化是企业由国内市场向国际市场发展的渐进演变过程
B. 企业国际化是企业在全球化范围内进行资源再配置
C. 企业国际化是指企业的跨国活动
D. 企业国际化是企业参与国际产品及要素市场竞争的一种行为表现
E. 企业国际化是指企业走向世界的过程
2. 企业走向世界的过程一般包括哪两个方面(　　)。
A. 企业战略的国际化　B. 企业自身的国际化
C. 企业品牌的国际化　D. 企业资源的国际化
E. 企业经营的国际化
3. 当前国际化企业的特点主要表现为(　　)。
A. 专业化程度提高　B. 积极完善研发创新机制
C. 不断加强信息化建设　D. 多元化的产权主体
E. 规模经营和品牌经营同步突破
4. 根据产品生命周期理论，产品发展历程可以分为哪几个阶段(　　)。
A. 初始期　B. 开发期　C. 成长期　D. 成熟期
E. 衰退期
5. 根据国际折中理论，企业在实施国际化经营时必须考虑哪些因素(　　)。
A. 区位因素　B. 所有权特定因素
C. 内部化因素　D. 规模因素
E. 战略因素
6. 美国经济学家刘易斯·韦尔斯在其出版的《第三世界跨国企业》一书中，分析了中小企业实施国际化战略的比较优势，其中包括下列哪些选项(　　)。
A. 中小企业拥有为小市场需求服务的小规模生产技术
B. 中小企业通常具有低价格优势和低价产品营销战略
C. 中小企业拥有优秀的管理理念和领导者
D. 中小企业拥有民族产品海外生产优势
E. 中小企业更能抓住顾客需求
7. 竞争力理论中，企业国际化的步骤有哪些(　　)。
A. 动机和战略规划　B. 市场调研和选择
C. 进入模式选择　D. 对意外和困难的规划
E. 补充的战略
8. 约翰孙和麦特森将实施国际化战略的企业分为哪些类型(　　)。

A. 早行动企业　　B. 孤独的国际化企业
C. 晚行动企业　　D. 全球企业
E. 团体型国际化企业

9. 下列哪些选项属于我国中小企业国际化经营的目的(　　)。
A. 积极参与国际竞争，争取更多国际资源
B. 开拓更广阔的产品市场，扩大出口贸易
C. 充分获取各种资源，拓宽企业发展空间，增强企业活力
D. 吸收先进技术，提高企业技术能力
E. 学习先进管理经验，锻炼适应国际市场竞争的人才

10. 下列哪些选项属于全球战略的优势(　　)。
A. 公司高层在很大程度上集中控制着公司的战略规划
B. 标准化导致规模经济和低成本　C. 活动集中化
D. 在全球范围内创造统一的质量标准
E. 单一区位降低了生产成本

11. 下列哪些选项属于全球战略的风险(　　)。
A. 公司高层的集中控制　　B. 标准化
C. 单一区位　　D. 活动集中化
E. 适应当地市场的能力有限

12. 下列哪些选项属于多国本土化战略的优势(　　)。
A. 能够使产品和服务适应当地市场条件
B. 便于发现既定市场中潜在的有吸引力的市场空位
C. 标准化导致规模经济和低成本
D. 公司高层在很大程度上集中控制着公司的战略规划
E. 在全国范围内创造统一的质量标准

13. 下列哪些选项属于跨国战略的优势(　　)。
A. 能把差别化的产品转移到海外市场
B. 能够实现规模经济并适应当地市场
C. 能增加知识流动和学习
D. 能将活动定位于最优区位
E. 能够使产品和服务适应当地市场条件

14. 下列哪些选项属于跨国战略的劣势(　　)。
A. 在决定活动的最优区位时面临独特的挑战
B. 在国外各个生产基地都建设投入生产建设，因此形成重复成本
C. 缺乏利用规模经济以实现成本节约能力
D. 由于环境变化可能导致“过度适应”或“适应不足”
E. 在培育知识传递时面临独特的管理挑战

15. 中外企业的国际化战略的实施经验，企业国际化战略可以按下列哪几项分类(　　)。
A. 企业是依靠走出去还是引进来的方式

B. 企业国际化发展是否是循序渐进的
C. 企业与企业间的关系
D. 企业与政府间的关系
E. 品牌

16. 按照企业是依靠走出去还是引进来的方式，可以将企业国际化战略划分为（　　）。
A. 内向型　B. 外向型　C. 跨越发展型　D. 跟随战略
E. 渐进型

17. 按照企业国际化发展是否是循序渐进的，可以将企业国际化战略划分为哪几类（　　）。
A. 内向型　B. 外向型　C. 跨越发展型　D. 跟随战略
E. 渐进型

18. 按企业与企业之间的关系，可以将企业国际化战略划分为哪几类（　　）。
A. 纳入战略　B. 集群战略　C. 跨越发展型　D. 跟随战略
E. 品牌战略

19. 按品牌的角度可以将企业国际化战略划分为哪几类（　　）。
A. 品牌战略　B. OEM 品牌战略
C. 混合品牌战略　D. 品牌共享战略
E. 品牌创新战略

20. 内向型国际化战略主要包括（　　）。
A. 进口　B. 出口
C. 市场缝隙战略　D. 引进技术
E. 在国内与外商举办合资、合作企业

21. 中小企业引进技术可采用哪些具体方式（　　）。
A. 高价买断　B. 聘请经验丰富的高层管理者
C. 直接引进技术　D. 雇用商业间谍获取技术
E. 校企合作

22. 中小企业技术引进应坚持哪些原则（　　）。
A. 先进性原则　B. 适用性原则
C. 创新性原则　D. 高技术原则
E. 引进与消化、吸收及创新相结合

23. 外向型国际化战略主要包括（　　）。
A. 进口　B. 出口
C. 市场缝隙战略　D. 对外直接投资
E. 在国内与外商举办合资、合作企业

24. 想保证成功地出口，中小企业应做好哪些工作（　　）。
A. 树立长远的战略目标　B. 确定出口产品的设计原则
C. 选择出口市场　D. 选择出口方式
E. 扩充企业资金

25. 中小企业出口产品的设计原则有哪些(　　)。

A. 实事求是原则　　B. 差异化原则

C. 市场需求原则　　D. 低成本原则

E. 低售后服务或零售后服务原则

26. 中小企业在短期内不宜完全脱离代理出口的原因包括下列哪些选项(　　)。

A. 中小企业普遍依赖性强

B. 中小企业普遍缺乏国际营销经验

C. 中小企业普遍缺乏自主进出口权

D. 中小企业普遍缺乏专业外贸人才

E. 短期内中小企业难以形成广泛的国际营销网络

27. 中小企业对外投资产业的选择原则不包括(　　)。

A. 以商务部颁布的《中国企业对外投资产业指导目录》为准绳

B. 从中小企业实际出发

C. 按照先发展中国家后发达国家、先周边国家后相距较远的国家的顺序

D. 重点投资高新技术产业　　E. 先投资发达国家

28. 渐进发展战略具体表现在哪些方面(　　)。

A. 产品转型的渐进性　　B. 目标市场选择的渐进性

C. 国际化方式选择的渐进性　　D. 组织结构调整的渐进性

E. 区位选择的渐进性

29. 跟随战略有哪些方式(　　)。

A. 在海外建立工业园区　　B. 间接跟随方式

C. 直接跟随方式　　D. 合资企业形式

E. 星网工业园形式

30. 集群战略有哪些方式(　　)。

A. 产业链集群　　B. 优势互补集群

C. 品牌集群　　D. 地域集群

E. 营销集群

31. OEM 品牌战略对中小企业国际化有什么重要意义(　　)。

A. 有效降低初期开拓国际市场时的风险

B. 有利于中小企业力量的整合

C. 具备整体品牌运作的能力

D. 综合了混合品牌战略和自有品牌战略的优势

E. 是中小企业发挥自身优势的有效途径

32. 品牌共享战略的实现条件(　　)。

A. 有一定的品牌基础

B. 具备雄厚的资金

C. 产品存在关联性

D. 综合了 OEM 品牌战略和自有品牌战略的优势

E. 具备整体品牌运作的能力

33. 品牌共享战略对中小企业国际化有什么意义(　　)。

A. 有利于中小企业力量的整合

B. 有效降低初期开拓国际市场时的风险

C. 有利于塑造中国企业的良好形象

D. 综合了混合品牌战略和自有品牌战略的优势

E. 是中小企业发挥自身优势的有效途径

34. 下列哪些选项不属于影响企业进入国际市场模式选择的内部因素(　　)。

A. 产品因素　　B. 资源和投入因素

C. 国内因素　　D. 生产因素

E. 市场因素

35. 我国中小型跨国公司具有什么优势(　　)。

A. 速度优势　　B. 产权优势

C. 低成本优势　　D. 出口带动优势

E. 比较优势

三、名词解释

全球战略　国际战略　多国本土化战略　跨国战略　纳入战略　集群　优势互补集群　地域集群　OEM　混合品牌战略

四、简答题

1. 企业国际化的特点有哪些?
2. 中小企业国际化经营的动机什么?
3. 简述中小企业国际化经营的目的。
4. 企业的国际化发展过程包括哪些阶段?
5. 简述国际战略的优势和劣势。
6. 简述多国本土化战略的优势和风险。
7. 简述影响企业进入国际市场的模式选择的因素。
8. 我国中小型跨国公司具有什么优势?

五、论述题

1. 论述全球战略的优势和风险。
2. 论述 OEM 品牌战略对中小企业国际化的意义。

六、案例分析

1. 请结合案例分析企业国际市场的进入方式。

案例：格兰仕公司在生产过程中采用国际最优质原材料和生产设备，严格按照国际质量标准生产制造其产品，实现在全世界范围内微波炉行业出口创汇全国第一、光波炉出口第一的目标。改革开放以来，中国的许多中小企业在小家电产品的生产制造上都具有一定的成本优势，但目前国内企业只有宝钢一家能生产制造小家电所需的高质量钢材和高精度的电镀锌。如果不进口这些材料，那么宝钢就占据了垄断地位，出现宝钢买家垄断一方定价的局面，结果是中小企业或者承担高额生产成本，或者用劣质钢材替代。最终的结果肯定是中小企业在消费者市场中失去信誉，难以长期生存。

2. 请结合案例分析中小企业进行跨国经营的优势及飞跃集团的成功经验。

案例：飞跃集团是我国著名的缝制设备制造商，经过20余年的成长，发展为全球领先的缝制设备冠军。"飞跃"发展的历史充分验证了跨国投资经营的理论，尤其是技术及技术创新对海外投资的影响。"飞跃"不断创新，以自主创新以及合作创新带动了企业的发展。"飞跃"几乎囊括了所有的产品类型，拥有50大系列500多个品种。专利权数达500多件，其中发明专利70多件，研发人员800多人。"飞跃"始终秉承"以科技促发展"的理念，在北京、宁波等地设立了具有世界水准的研发中心。它不仅充分利用国内外的科技资源、聘请世界一流的技术人才，把重点放在高技术含量、高附加值产品的开发和培育上，而且注重核心技术和自主知识产权的开发。这为"飞跃"的海外投资做好重要铺垫，并进一步促进了"飞跃"的技术创新。

3. 请结合案例分析我国中小企业应如何降低跨国经营的风险。

案例：丽影鞋业有限公司最初是一个只有十几个人的皮鞋手工作坊，现已发展成一家集研发、生产、销售于一体的民营跨国公司，其80%的利润来自海外市场。丽影鞋业的发展经历了制鞋、卖鞋、研鞋三个阶段。制鞋阶段是1991～1997年，主要是进行OEM加工，自身没有销售渠道和研发力量。卖鞋阶段是1998～2004年，这一阶段主要是以销售带动制造，开拓国际市场。在国际市场上，文化接近、华人居多的东南亚国家已经被同行占领，丽影鞋业就选择了与中国接壤的哈萨克斯坦和俄罗斯。后来，由于利润丰厚，其他同行也跟随而至，中低端市场很快趋于饱和。丽影鞋业开始开拓非洲市场，随后在维持欧洲、非洲市场经营的同时，于2001年开始开辟美国市场。2008年、2009年在美国的销售业绩以100%递增。2001年开始进入研发阶段，成立了专门的鞋类研发中心，在全球范围内整合品牌、研发、制造、销售等资源。

参考答案

一、单项选择题

1. B	2. D	3. B	4. A	5. D	6. C	7. A	8. B
9. D	10. A	11. B	12. A	13. C	14. D	15. A	16. C
17. D	18. A	19. A	20. B	21. A	22. D	23. B	24. D
25. B	26. A	27. B	28. C	29. D	30. A	31. A	32. A
33. B	34. C	35. D	36. A	37. B	38. B	39. D	40. B
41. C	42. C						

二、多项选择题

1. ABCDE　2. BE　3. ABCDE　4. BDE　5. ABC

6. ABD	7. ABCDE	8. ABCD	9. BCDE	10. ABD
11. CDE	12. AB	13. BCD	14. AE	15. ACE
16. AB	17. CE	18. ABD	19. BCD	20. ADE
21. BC	22. ABE	23. BCD	24. ABCD	25. ABCE
26. BDE	27. CDE	28. BCD	29. ABD	30. ABD
31. AE	32. CE	33. AC	34. CDE	35. ABDE

三、名词解释

全球战略：是指当降低成本的压力很高而当地市场压力较低时，企业提供标准化产品和服务，并在少数地区从事集中化经营，通过全球规模的集权管理和规模经济来建立成本优势。

国际战略：是指当降低成本压力和当地市场压力都比较低时，企业将其具有价值的产品与技能转移到国外的市场，以创造价值。

多国本土化战略：又称多国战略，是根据不同国家的不同市场，提供更能满足当地市场需要的产品和服务。实施多国本土化战略的公司首先在国内市场开发产品，然后把产品提供给国外的子公司进行销售或改造。

跨国战略：是指当降低成本压力和当地市场压力都很大时，企业对各地市场划分大类，为不同大类市场提供不同产品和服务，采取不同的策略，以满足不同的市场需求。

纳入战略：是指国内中小企业通过在国际市场上以承包、许可证、分包等形式参与国外跨国公司的生产分工，纳入国外跨国公司的生产经营网络之中，利用国际网络中的资源潜能。

集群：是指以一个主导产业、各种优势以及地域等为核心的相关产业或某特定领域内大量相互联系的企业及其支持机构在该区域空间内的集合。

优势互补集群：是指几家中小企业虽然不存在产业链上的供需关系，但各自优势具有较强的互补性，从而组成联合体或某种利益共同体，共同国际化和开拓国际市场。

地域集群：是指同处某一地域的大量中小企业通过特殊的地方文化和人文情结而结成的企业集群。

OEM：原指由采购方提供设备和技术，由制造方提供人力和场地，采购方负责销售，制造方负责生产的一种现代流行的生产方式。但是，目前大多采用由制造方生产，由采购方提供品牌和授权产品的方式。

混合品牌战略：是将 OEM 品牌战略和自有品牌战略结合起来，在一部分产品上使用自有品牌，一部分产品上使用 OEM 品牌。

四、简答题

1. 企业国际化的特点有：(1) 多元化的产权主体；(2) 专业化程度提高；(3) 激励机制不断升华；(4) 积极完善研发创新机制；(5) 不断加强信息化建设；(6) 全面推进产品标准及质量体系；(7) 规模经营和品牌经营同步突破；(8) 良好的市场机制和产品营销体系。

2. 中小企业国际化经营的动机：(1) 经济全球化和跨国公司中国战略的新取向是我国中小企业进行跨国经营的客观条件；(2) 进军国际市场是我国中小企业的一项长期发展战略，是企业进一步成长和扩张的必然路径；(3) 加入 WTO 后，我国中小企业面临的巨大机遇与挑战；(4) 国内市场状况及中小企业面临的困境要求中小企业走出国门。

3. 我国中小企业国际化经营的目的：(1) 开拓更广阔的产品市场，扩大出口贸易；(2) 充分获取各种资源，拓宽企业发展空间，增强企业活力；(3) 吸收先进技术，提高企业技术能力；(4) 学习先进管理经验，锻炼适应国际市场竞争的人才。

4. 企业的国际化发展过程包括：第一阶段，间接的、被动的非经常性进出口阶段；第二阶段，直接或主动的经常性的进出口阶段；第三阶段，设立海外分支机构；第四阶段，全球导向型阶段。

5. (1) 国际战略的优势：采用这种战略，可以把差别化的产品转移到海外市场，可以利用企业在母国的专利优势技术与技术研发和创新能力在全球范围内进行技术扩散和适应性调整。(2) 国际战略的劣势：国际战略要求企业在国外各个生产基地投入生产建设，因此形成重复成本，加大经营成本。

6. (1) 多国本土化战略的优势：能够使产品和服务适应当地市场条件；便于发现既定市场中潜在的有吸引力的市场空位。(2) 多国本土化战略的风险：缺乏利用规模经济以实现成本节约能力；B. 无法向外国市场转移独特竞争能力；由于环境变化可能导致“过度适应”或“适应不足”。

7. 影响企业进入国际市场模式选择的因素可以分为外部因素和内部因素两大类。(1) 外部因素，主要包括目标国家的市场因素、目标国家的环境因素、目标国家的生产因素和国内因素四个部分。其中，前三个部分是国外的外部因素，第四个因素是国内的外部因素。(2) 影响企业进入外国市场模式选择的内部因素包括产品因素、企业资源与投入因素两个部分。

8. 我国中小型跨国公司的优势：第一，产权优势；第二，速度优势；第三，比较优势；第四，出口带动优势。

五、论述题

1. 答案要点：(1) 全球战略的优势：公司高层在很大程度上集中控制着公司的战略规划；标准化导致规模经济和低成本；在全球范围内创造统一的质量标准。(2) 全球战略的风险：单一区位可能导致较高的关税和运输成本；活动集中化可能增加对单一设备的依赖；适应当地市场的能力有限。

2. 答案要点：OEM 原指由采购方提供设备和技术，由制造方提供人力和场地，采购方负责销售，制造方负责生产的一种现代流行的生产方式。目前大多采用由制造方生产，由采购方提供品牌和授权产品的方式。OEM 品牌战略对中小企业国际化的意义：(1) OEM 品牌战略可以有效地降低中小企业初期开拓国际市场时的风险。(2) OEM 品牌战略是中小企业发挥自身优势的有效途径。(3) OEM 品牌战略可以为中小企业发挥自身优势创造条件，扬长避短，避免中小企业与大企业或大跨国公司大打广告战而陷入困境。

六、案例分析

1. 答案要点：(1) 企业的国际化战略是企业为了把公司的成长纳入有序发展的轨道，在国际化经营过程中的实施发展规划，是为持续增强企业的竞争实力和环境适应性而制定的一系列决策的总称。(2) 企业国际化进程在很大程度上受到企业的国际化战略影响，国际化战略同样也决定着企业国际化的未来发展前景。(3) 根据中外企业的国际化战略的实施经验，按照企业是依靠走出去还是引进来的方式，可以将企业国际化战略划分为内向型和外向型国际化战略；按照企业国际化发展是否是循序渐进的，可以分为渐进型和跨越发展型；按企业与企业之间的关系，又可以分为跟随与纳入战略以及集群战略；按品牌这一个角度，又可分为 OEM 品牌战略和混合品牌战略以及品牌共享战略。

2. 答案要点：

优势：(1) 创新优势；(2) 经营灵活的优势；(3) 产品特色优势；(4) 其他的经营优势，如区位、市场营销、政策环境优势等。“飞跃”的成功经验：

(1) 要有明确的发展战略；(2) 选择合适的跨国经营方式；(3) 注重企业的自主创新；(4) 形成产业集群效应。

3. 需要从以下几个方面着手实施：(1) 了解国内外行业变化趋势，提高生产经营水平，注重技术创新和销售渠道的构建；(2) 运用差异化战略，细分国际市场，进行跨国经营；(3) 对于以 OEM 代工出口为主的中小企业来说，要在代工的过程中提升技术与管理；(4) 处理好与东道国政府、社区和当地员工的关系。

第10章 国家对中小企业扶持战略

考核内容

通过本章学习，应该掌握政府政策支持对中小企业发展的作用，中小企业政策支持体系的具体措施，我国中小企业政策体系的现状及发展等内容。了解我国中小企业政策体系的历史演变，理解我国中小企业政府支持体系的对策建议。

一、政府政策对中小企业发展的作用

就目前中国的实际来看，政府政策对中小企业发展的作用主要表现在以下几个方面。

（一）政府的支持战略为中小企业的可持续发展创造经济契机

虽然从总体上看，经济政策对我国中小企业的发展提供了巨大的支持，但仍存在许多问题。具体表现在以下几个方面：一是传统的思想观念对中小企业的认识问题；二是市场准入壁垒的存在；三是税费负担过重的问题；四是中小企业的优惠政策尚待完善的问题。

（二）政府的支持战略是中小企业良性发展的重要支撑

目前，中小企业法律法规建设在逐步完善，国家相继制定了多部规范市场主体行为的法律，如公司法、商业银行法等；规范市场基本关系的法律，如《合同法》、《信托法》等；规范市场竞争秩序的法律，如《反垄断法》、《反不正当竞争法》、《反倾销法》等。

2002年6月29日，《中华人民共和国中小企业促进法》由中华人民共和国第九届全国人民代表大会常务委员会第二十八次会议通过，自2003年1月1日起施行。这是我国第一部关于中小企业的专门法律。

（三）政府管理职能的转变为中小企业发展注入活力

政府对中小企业管理职能的转变是要由控制型向服务型转变。它能够为中小企业的发展提供基础性的平台保障，是中小企业进一步发展的活力源泉。

（四）政府扶持为企业技术进步和创新提供了强大动力

中小企业是随着我国市场经济体制的建立而逐步发展起来的。在市场经济体制下，政府是主要的市场调控者，政府可以通过制定行业法律法规管理和扶持中小企业。总体而言，政府扶持战略，为中小企业的发展提供了良好的外部条件。

（五）政府的长远发展规划保证了中小企业的协调发展

中小企业的协调工作主要包括两方面：一是中小企业发展与整个国民经济发展的协调；二是做好中小企业内部发展的统筹协调工作，做到长期发展与短期发展相结合，近期措施要有利于解决长期性发展难题，改革体制、制定政策、安排投资、确定发展速度，都要充分考虑可持续性，防止急于求成。

二、美国的中小企业政府支持体系

在美国，中小企业和跨国公司对经济的发展和繁荣扮演着同样重要的角色，美国经济的增量和增速主要依赖于中小企业，它是美国经济最具活力和创新力的部分 。

（一）融资支持

（1）美国中小企业署（SBA）融资渠道，其主要融资渠道为“三个计划”：贷款计划、小企业投资公司计划和赈灾援助计划。

（2）上市融资和银行融资，1971年美国证券经纪商协会开辟了“第二板块”——纳斯达克股票交易市场，为中小企业特别是科技型中小企业提供了直接的融资渠道，90%以上的最具成长性的公司都在该市场上市。

(二) 信用担保体系建设

美国的信用体系管理的法律框架是以《公平信用报告法》为核心的一系列法律，美国形成了三套中小企业信用担保体系：其一，美国联邦中小企业署运作的全国性中小企业信用担保体系；其二，由地方政府操作的区域性专业担保体系；其三，小区性中小企业担保体系，主要以小区一定范围内的成长型小企业为主，帮助小区内贫困人口通过创办小企业实现脱困。

三、日本的中小企业政府支持体系

(一) 机构支持

“中小企业情报中心”，为中小企业提供其所需的各种产前、产中、产后的社会化服务体系，主要包括：管理、技术及市场信息的咨询、培训及传播；组织中小企业产品的国内外展销；组织中小企业进行联合技术攻关等。

(二) 融资支持

日本政府非常重视对中小企业融资的支持，并逐步确立了以民间为主体，以政府为补充的中小企业金融体系，这在解决中小企业的融资困难方面取得显著成效。

(1) 在间接融资方面，日本为中小企业提供地方中小金融机构和政府融资的双重资金支持。

(2) 日本积极发展直接融资。

(3) 建立健全的信用担保保险体系。

(4) 优惠的利率政策。

四、我国中小企业扶持战略的历史演变

集中统一政策的阶段 (1984 年至今)。

1987 年 10 月，党的十三大报告中指出，允许中小企业的产权进行有偿转让。

1995 年 9 月，十四届五中全会通过的《中共中央关于制定国民经济和社会发展“九五”计划和 2010 年远景目标的建议》提出了“抓大放小”，为统一整体的中小企业政策奠定了基础。

五、我国中小企业政府战略扶持体系的现状、问题与对策

(一) 我国中小企业政府支持体系的现状

法律框架和政策体系。

2002 年 6 月通过、2003 年 1 月 1 日实施的《中华人民共和国中小企业促进法》的出台，标志着中国支持中小企业的发展全面进入了法治化阶段。

（二）我国中小企业政府支持体系目前存在的主要问题

（1）法律体系有待完善。

（2）缺乏完整的战略体系。

（3）政企互动机制不健全。

（4）融资难问题尚未解决。

（5）社会服务体系有待完善。

（三）强化我国中小企业政府支持体系的对策建议

（1）健全法律体系。

（2）组建完善的管理、服务机构和扶持政策。

（3）拓宽融资渠道。

（4）进一步完善服务体系：发展政策支持体系；技术支持体系；社会化服务支持体系。

重点和难点

本章需要重点掌握的知识点有：（1）中小企业政府支持体系的现状和问题。（2）政府扶持战略的特点和必要性。（3）政府扶持战略对中小企业发展的作用。（4）中小企业政府支持体系的具体措施。（5）国际经验对我国中小企业政府支持体系的启示。

同步综合练习题

一、单项选择题

1. 下列哪项不属于政府政策对中小企业发展的作用(　　)。
   A. 政府管理职能的转变是中小企业发展的活力源泉
   B. 政府支持是企业技术进步和创新的强大动力
   C. 政府的各项资金投入是中小企业发展的经济契机
   D. 政府制定长远发展规划是中小企业协调发展的有效措施
2. 下列哪项不属于我国中小企业发展目前存在的问题(　　)。
   A. 政府支持力度不够　　B. 市场准入壁垒的存在
   C. 税费负担过重
   D. 传统思想观念对中小企业的认识问题
3. 下列哪项不属于国家制定的规范中小企业市场秩序的法律(　　)。
   A.《信托法》　　B.《反垄断法》
   C.《反不正当竞争法》　　D.《反倾销法》
4. 2002年6月29日，中华人民共和国第九届全国人民代表大会常务委员会第二十八次会议通过了下列哪项法律法规(　　)。
   A.《公司法》
   B.《关于促进以创业带动就业工作的指导意见》
   C.《中华人民共和国中小企业促进法》
   D.《中华人民共和国担保法》
5. 下列哪一项是我国第一部关于中小企业的专门法律(　　)。
   A.《中华人民共和国担保法》
   B.《中华人民共和国中小企业促进法》
   C.《公司法》　　D.《个人合伙企业法》
6. 下列哪项体现了政府对中小企业管理职能的转变(　　)。
   A. 控制型转向服务型　　B. 控制型转向干预型
   C. 引导型转向保护型　　D. 引导型转向控制型
7. 政府经济管理职能转变要集中解决“三位”问题，其中不包括下列哪项(　　)。
   A.“越位”　　B.“让位”
   C.“缺位”　　D.“错位”
8. 转变政府职能首先要改变(　　)。
   A. 政府对经济的直接干预　　B. 提供公共产品的职能
   C. 管理方式　　D. 政府的多重角色定位
9. 下列哪一项法律为扶持中小企业发展专项资金，而规定在中央财政预算内设立中小企业科目(　　)。
   A.《公司法》
   B.《关于促进以创业带动就业工作的指导意见》

C.《中小企业促进法》　　D.《担保法》

10. 下列哪一项是美国经济最具活力、创新力的部分(　　)。

A. 中小企业　　B. 国有企业

C. 科技型企业　　D. 劳动密集型企业

11. 美国1964年颁布的哪一项法律规定由联邦中小企业署向中小企业及创业者提供资金援助(　　)。

A.《中小企业法》　　B.《中小企业融资法》

C.《机会均等法》　　D.《中小企业经济政策法》

12. 美国政府陆续颁布了出口、投资奖励等法律，这体现了美国政府对中小企业哪一方面的支持(　　)。

A. 法律支持　　B. 融资支持

C. 中介服务体系支持　　D. 进出口支持

13. 下列哪一项为中小企业特别是科技型中小企业提供了直接的融资渠道，并被称为美国证券经纪商协会开辟的"第二板块"(　　)。

A. 纽约股票交易所　　B. 美国股票交易所

C. 纳斯达克股票交易市场　　D. 第二柜台交易市场

14. 美国中小企业融资的主要方式不包括(　　)。

A. 创业投资　　B. 民间借贷

C. 股票二板市场　　D. 业主及关系人的投资

15. 在技术创新服务方面，美国政府采用哪一种间接支持方式(　　)。

A. 营造环境　　B. 技术创新投资

C. 技术咨询　　D. 技术转移

16. 美国信用体系管理的法律框架是以哪一部法律为核心的(　　)。

A.《中小企业法》　　B.《机会均等法》

C.《公平信用报告法》　　D.《公平信用法》

17. 下列哪一选项不属于美国的中小企业信用担保体系(　　)。

A. 由国会运作的全国性中小企业信用担保体系

B. 小区性中小企业担保体系

C. 由美国联邦中小企业署运作的全国性中小企业信用担保体系

D. 由地方政府操作的区域性专业担保体系

18. 1999年克林顿政府"全球电子商务纲要"的提出体现了美国政府对中小企业哪一方面的支持(　　)。

A. 法律支持　　B. 技术创新支持

C. 信息化体系建设　　D. 中介服务体系建设

19. 下列哪一选项是日本中小企业发展的纲领性法规，被称为日本中小企业宪法(　　)。

A.《中小企业振兴资金助成法》　　B.《中小企业基本法》

C.《中小企业指导法》　　D.《中小企业协同组合法》

20. 以下哪个机构为日本的中小企业提供其所需的各种产前、产中、产后的社会化服务体系(　　)。

A. 中小企业情报中心　　B. 中小企业厅

C. 中小企业指导科　　D. 中小企业信息服务中心

21. 下列哪家银行专门制订中小企业支持计划，并且是德国最大的国有政策性银行(　　)。

A. 德国商业银行　　B. 德国邮政银行

C. 德意志银行　　D. 德国复兴开发银行

22. 以下哪个时期是我国中小企业政策经历的倾斜发展时期(　　)。

A. 1949～1978 年　　B. 1958～1965 年

C. 1979～1980 年　　D. 1978～1984 年

23. 党的哪次会议通过的《关于经济体制改革的决定》提出增强国有企业，尤其是全民所有制大中型企业的活力，我国中小企业政策又开始出现重大轻小的特点(　　)。

A. 十三大　　B. 十二届三中全会

C. 十四大　　D. 十四届五中全会

24. 在下列哪次报告中，提出允许中小企业的产权进行有偿转让(　　)。

A. 十三大　　B. 十二届三中全会

C. 十四大　　D. 十四届五中全会

25. 党的哪次会议提出国有中小企业可以出售给集体或个人(　　)。

A. 十三大　　B. 十二届三中全会

C. 十四大　　D. 十四届五中全会

26. 党的哪次会议提出，要放开搞活国有中小企业，区别不同情况，采取改组、联合、兼并、股份合作制、租赁、承包经营和出售等措施加快国有小企业的改组步伐(　　)。

A. 十三大　　B. 十二届三中全会

C. 十四大　　D. 十四届五中全会

27. 十四届五中全会通过的《中共中央关于制定国民经济和社会发展"九五"计划和2010年远景目标的建议》提出了哪项政策，为统一整体的中小企业政策奠定了基础(　　)。

A. "重大轻小"　　B. "抓大放小"

C. 大中小企业并举　　D. 承包责任制

28. 2003 年 1 月 1 日实施的《中华人民共和国中小企业促进法》的出台，标志着中国支持中小企业的发展全面进入了什么阶段(　　)。

A. 制度化　　B. 现代化　　C. 法治化　　D. 社会化

29. 2009 年，国家颁布的下列哪一项法律法规，对于在国际金融危机下的中小企业的经营环境的改善有着重大的影响(　　)。

A.《关于鼓励支持和引导个体私营等非公有制经济发展的若干意见》

B.《关于鼓励和促进中小企业发展的若干意见》

C.《国务院关于进一步促进中小企业发展的若干意见》

D.《中小企业促进法》

30. 针对目前中小企业发展存在的问题，下列哪一选项不属于强化我国中小企业政府支持体系的手段(　　)。
A. 健全服务机构　B. 健全法律体系
C. 组建完善的管理和扶持政策　D. 拓宽融资渠道
31. 下列哪一项是中小企业迅速发展壮大的基础(　　)。
A. 健全的服务支持机构　B. 健全的法律体系
C. 完善的管理和扶持政策　D. 宽松的融资渠道
32. 完善我国中小企业管理体制，不包括(　　)。
A. 建立统一的管理体制　B. 进一步完善服务体系
C. 深化审批制度改革　D. 理顺管理职能

二、多项选择题

1. 政府政策对中小企业发展的作用主要表现在哪些方面(　　)。
A. 政府的各项政策是中小企业可持续发展的经济契机
B. 政府的支持战略是中小企业良性发展的重要支撑
C. 政府管理职能的转变为中小企业发展注入活力
D. 政府扶持是企业技术进步和创新的强大动力
E. 政府的长远发展规划保证了中小企业的协调发展
2. 经济政策虽然对我国中小企业的发展提供了巨大的支持，但仍存在许多问题，具体表现在哪些方面(　　)。
A. 思想认识问题　B. 市场准入壁垒的存在
C. 税费负担过重　D. 缺乏创新
E. 中小企业的相关政策尚待完善
3. 目前，国家相继制定了多部支持和推动中小企业发展的法律法规，其中规范市场主体行为的法律包括(　　)。
A.《合同法》　B.《商业银行法》
C.《反不正当竞争法》　D.《信托法》
E.《公司法》
4.《中小企业促进法》以立法的形式确立了中小企业在国民经济中的法律地位，明确了从以下哪几个方面改善中小企业的经营环境(　　)。
A. 加大资金支持　B. 推进技术创新，促进科技成果产业化
C. 提供创业扶持，促进科技成果产业化
D. 大力开拓市场　E. 发展社会服务
5. 政府在扶持中小企业发展的过程中面临着许多现实的挑战，目前法制建设方面的问题主要表现在哪些方面(　　)。
A. 缺乏健全的法制体系
B. 法律法规过于笼统，解释空间过大
C. 各种市场法规的制定尚不完善
D. 欠缺一定的应变性，难以适应变化了的市场状况

E. 存在以部门、地方条规否定国家法律的现象

6. 中小企业的发展规则是由什么确立的(　　)。

A. 国家立法机关　　B. 市场规则

C. 企业　　D. 法律规则

E. 行业协会

7. 政府对中小企业管理职能的转变方向包括(　　)。

A. 宏观调控　B. 金融监管　C. 经济调节　D. 市场监管

E. 公共服务

8. 政府经济管理职能转变要集中解决“三位”问题，这“三位”分别指什么(　　)。

A.“越位”　B.“让位”　C.“缺位”　D.“错位”

E.“借位”

9. 政府的技术创新政策支持体系主要包括哪几个方面(　　)。

A. 技术支持　B. 资金支持　C. 人才支持　D. 服务支持

E. 信息支持

10. 中小企业的协调工作主要包括哪几个方面(　　)。

A. 中小企业发展与大企业发展的协调

B. 中小企业发展与整个国民经济发展的协调

C. 中小企业发展与城市规划的协调

D. 中小企业发展与各地能源的协调

E. 中小企业内部发展的统筹协调

11. 美国政府对中小企业的支持体现在下列哪些方面(　　)。

A. 法律支持　　B. 机构支持

C. 融资支持　　D. 技术创新支持

E. 中介服务体系支持

12. 以下哪些机构不属于美国设立的扶持中小企业发展的主要官方机构(　　)。

A. 国会和白宫　　B. 总统

C. 联邦机构——SBA　　D. 州政府的经济发展机构

E. 工商部

13. 美国中小企业署（SBA）的主要融资渠道包括哪些计划(　　)。

A. 技术支持计划　　B. 贷款计划

C. 小企业投资公司计划　　D. 赈灾援助计划

E. 上市公司计划

14. 下列哪些选项不属于美国中小企业署（SBA）的主要融资渠道(　　)。

A. 技术支持计划　　B. 贷款计划

C. 小企业投资公司计划　　D. 赈灾援助计划

E. 上市公司计划

15. 下列哪些选项属于美国的中小企业信用担保体系(　　)。

A. 由国会运作的全国性中小企业信用担保体系

B. 由州政府领导的州际专业担保体系

C. 由美国联邦中小企业署运作的全国性中小企业信用担保体系
D. 由地方政府操作的区域性专业担保体系
E. 小区性中小企业担保体系

16. 日本的中小企业政府支持体系表现在哪些方面（　　）。
A. 法律体系　　B. 机构支持
C. 融资支持　　D. 提供经营指导
E. 提供咨询服务

17. 日本政府先后制定了三十多个有关中小企业的法律，形成了相对独立、较完整的中小企业法律体系。以下哪些选项不属于有关中小企业设备现代化的法律（　　）。
A.《中小企业协同组合法》　　B.《中小企业振兴资金助成法》
C.《中小企业基本法》　　D.《中小企业现代化促进法》
E.《中小企业指导法》

18. 日本“中小企业情报中心”有哪些职责（　　）。
A. 组织中小企业产品的国内外展销
B. 为中小企业提供其所需的各种产前、产中、产后的社会化服务体系
C. 管理、技术及市场信息的咨询、培训及传播
D. 指导和管理中小企业
E. 组织中小企业进行联合技术攻关

19. 德国的中小企业政府支持体系包括哪些（　　）。
A. 法律保护　B. 财政支持　C. 信贷支持　D. 创新支持
E. 其他政策措施

20. 结合中小企业的发展历史，我国中小企业政策经历了哪些发展阶段（　　）。
A. 曲折发展时期的政策阶段　　B. 倾斜发展时期的政策阶段
C. 进一步上升时期的政策阶段　　D. 集中统一政策的阶段
E. 全面发展时期的政策阶段

21. 目前，我国在已出台的《中小企业促进法》中制定了具体措施，以实现中小企业政策目标。这些措施主要包括哪些（　　）。
A. 推进产业结构调整
B. 鼓励中小企业建立科技创新机制
C. 建立健全中小企业的社会化服务体系
D. 加大财税政策扶持力度
E. 积极拓宽融资渠道

22. 我国对中小企业直接融资方面的支持主要采取哪些措施（　　）。
A. 在证券市场上推出中小企业板块
B. 鼓励中小企业以股权融资、项目融资等方式筹集资金
C. 允许符合条件的中小企业发行债券
D. 改进保险机构的服务方式
E. 建立健全信用担保体系

23. 造成中小企业融资难的原因包括下列哪些选项(　　)。

A. 中小企业融资没有专门的融资渠道

B. 中小企业贷款信用担保体系的不完善

C. 民间金融制度缺失

D. 政府对中小企业不重视

E. 国有银行贷款偏重于大中型企业

24. 根据我国的具体情况，完善我国中小企业发展的政府支持体系需要(　　)。

A. 健全法律体系

B. 组建完善的管理、服务机构和扶持政策

C. 加大财政投入　　D. 拓宽融资渠道

E. 完善服务体系

25. 针对目前中小企业发展存在的问题，强化我国中小企业政府支持体系需要(　　)。

A. 健全服务支持机构　　B. 健全法律体系

C. 组建完善的管理、服务机构和扶持政策

D. 拓宽融资渠道　　E. 进一步完善服务体系

26. 完善我国中小企业管理体制，应从以下哪几个方面入手(　　)。

A. 建立统一的管理体制　　B. 进一步完善服务体系

C. 深化审批制度改革　　D. 理顺管理职能

E. 加强行业组织建设

27. 目前，为组建完善的管理、服务机构和扶持政策，需要采取的政策主要有哪些(　　)。

A. 产业引导政策　　B. 税收优惠政策

C. 财政投入政策　　D. 土地使用政策

E. 减轻企业负担政策

28. 进一步完善服务体系包括哪些方面(　　)。

A. 提供公平竞争的环境　　B. 发展政策支持体系

C. 加速建立风险投资机制　　D. 技术支持体系

E. 社会化服务支持体系

三、简答题

1. 简述政府政策对中小企业发展的作用。
2. 简述我国中小企业发展存在的问题。
3. 简述政府在扶持中小企业发展在法制建设方面的问题。
4. 简述美国、日本等国家的中小企业政府支持体系具有的共同特征。
5. 美国、日本等国家的成功经验说明政府支持中小企业发展的重点在哪些方面?

四、论述题

1. 政府职能的转变为能中小企业发展注入了活力。请论述政府职能转变的具体表现。
2. 试论述我国中小企业扶持战略的历史演变。

3. 针对目前中小企业发展存在的问题，应如何强化我国中小企业政府支持体系？

五、案例分析

1. 结合案例分析韩国中小企业扶持政策对我国的启示。

案例：韩国中小企业扶持政策重点是增强企业竞争力，其扶持政策主要包括：促进新兴企业发展，在韩国，有多个项目致力于推动新企业的设立，尤其是鼓励年轻企业家，包括提供培训课程、设立咨询机构和在5所大学中为新兴企业设立试验性的研究课程。确保为中小企业提供稳定的人力资源供应，该政策包括针对大学学生的实习工作计划，以及年轻人雇佣计划，如在职培训。提高中小企业市场进入的能力，政府通过出口管理公司扶持中小企业进入外国市场、帮助其获得国际认证以及向中小企业提供关于国际采购的信息来实现这个政策目标。培育中小企业技术能力，旨在扶持中小企业开展创新的项目，对于创新型风险中小企业的政策扶持始于1996年，而后又通过立法手段进行风险企业的推广。

2. 结合案例在全球金融危机背景下，政府应如何优化中小企业发展。

案例：2009年江阴被中央确定为全国改革开放30年18个典型地区之一。能取得如此成绩，离不开一支重要的力量：全市7836多家中小型工业企业。随着美国次贷危机的蔓延，江阴经济的持续高速发展面临严峻考验，中小企业逐渐暴露出一些问题，主要体现在以下三个方面。首先，中小企业生产成本升高，主要表现在资金成本提高和劳动力成本的上升，企业环境资源压力增加。其次，中小企业融资困难加剧，长期以来，江阴中小企业贷款占全部金融机构贷款比例只有10%左右，金融产品单一和金融衍生工具缺乏。2007年以来，国家实施从紧的货币政策后，商业银行信贷规模缩小，使中小企业融资环境恶化、江阴中小企业的资金链趋紧。最后，中小企业企业竞争力弱，虽然江阴的中小企业数量多，但大多规模较小，年销售量低，大多数以纺织、冶金、化工等传统产业为主，缺少自己的商标、品牌和专利，市场竞争能力较弱。

参考答案

一、单项选择题

1. C	2. A	3. A	4. C	5. B	6. A	7. B	8. D
9. C	10. A	11. C	12. A	13. C	14. B	15. A	16. C
17. A	18. C	19. B	20. A	21. D	22. D	23. B	24. A
25. C	26. D	27. B	28. C	29. C	30. A	31. B	32. B

二、多项选择题

1. ABCDE	2. ABCE	3. BE	4. ABCDE	5. ABCDE
6. BD	7. ABCDE	8. ACD	9. ABCE	10. BE
11. ABCDE	12. BE	13. BCD	14. AE	15. CDE

16. ABCDE　17. AC　18. ABCE　19. ABCDE　20. ABD
21. ABCDE　22. ABCD　23. ABCE　24. ABDE　25. BCDE
26. ACDE　27. ABCDE　28. BDE

三、简答题

1. 政府政策对中小企业发展的作用主要表现在：(1) 政府的各项政策是中小企业可持续发展的经济契机；(2) 政府对中小企业依法管理的执行力和主动性是中小企业良性发展的重要支撑；(3) 政府管理职能的转变是中小企业发展的活力源泉；(4) 政府支持是企业技术进步和创新的强大动力；(5) 政府制定长远发展规划是中小企业协调发展的有效措施。

2. 我国中小企业发展存在的问题：(1) 传统的思想观念对中小企业的认识问题；(2) 市场准入壁垒的存在；(3) 税费负担过重的问题；(4) 中小企业的优惠政策尚待完善的问题。

3. 目前法制建设方面的问题主要表现在：(1) 缺乏健全的法制体系；(2) 各种市场法规的制定尚不完善；(3) 法律法规过于笼统，解释空间过大，造成执法难；(4) 存在以部门、地方条规否定国家法律的现象，既没有形成一个健全的市场法规体系，也欠缺一定的应变性，难以适应变化了的市场状况。

4. 美国、日本等国家的中小企业政府支持体系具有的共同特征：(1) 最明显的特征是上述国家都具有完善的法律支持体系，为中小企业的发展提供了一个良好的法律环境；(2) 这些国家都注重中小企业的技术创新，通过制定相关政策，以扶持相关服务机构的发展；(3) 注重政府在管理过程的角色定位；(4) 政府提供资金支持；(5) 通过政府的作用整合各种社会资源以全方位促进服务机构的发展也是一大措施；(6) 通过具体的行动计划来实现支持中小企业发展的阶段性或战略性目标。

5. 美国、日本等国家的成功经验说明政府支持中小企业发展的重点在：(1) 如果将扶植中小企业发展的重点放在政策的改革和法制的保障方面，政府将会取得更大的成功，这是发达国家支持中小企业创新的最基本的经验。(2) 以法律的形式确立国家中小企业管理机构和社会化服务体系。(3) 以对中小企业进行有重点、有针对性的扶持代替对中小企业的普遍扶持。(4) 建立健全中小企业贷款信用担保体系和以间接融资为主的中小企业金融扶植制度和法律体系。

四、论述题

1. 答案要点：市场经济要求政府的职能应主要朝宏观调控、金融监管、经济调节、市场监管、社会管理、公共服务等方向转变，提高公共服务水平和经济管制能力。具体表现在以下三个方面：(1) 要集中解决政府在管理经济职能中出现的“越位”、“错位”和“缺位”问题。(2) 政府要杜绝监管不到位和过度监管现象并存的问题。(3) 政府部门应改善工作效率和服务质量，说明中小企业降低生产成本，提高经营效益。

2. 答案要点：结合中小企业的发展历史来考察，我国中小企业政策经历了三个明显的发展阶段。第一，曲折发展时期的政策阶段（1949～1978 年）：(1) 国民经济恢复时期和“一五”时期（1953～1957 年）；（2）“二五”时期到文化大革命前（1958～1965 年）；（3）文化大革命时期（1966～1976 年）；（4）改革开放初期（1979～1980 年）。第二，倾斜发展时期的政策阶段（1978～1984 年）。第三，集中统一政策的阶段（1984 年至今）。

3. 答案要点：（1）健全法律体系。（2）组建完善的管理、服务机构和扶持政策。（3）拓宽融资渠道。（4）进一步完善服务体系。

五、案例分析

1. 答案要点：（1）企业孵化是一种帮助新设立企业克服设立初期和最初贸易阶段困境的成熟模式。（2）改善监管环境。（3）设立全国性中小企业服务中心体系。（4）提高中小企业对于商业信息的了解。（5）政府采购对中小企业的倾斜。（6）技术支持。

总体而言，要鼓励创业和中小企业发展有许多其他方式，但是以技术和知识为基础的方式被广泛认识能够为创新和经济发展作出更多的贡献。企业孵化器是这种方式中的重要一环，但是实践显示如果要完全发挥中小企业在经济发展中的潜在贡献，政府就需要在公共政策方面提供持续的扶持。在许多国家，为技术性中小企业提供合理扶持包括不同政府部门之间的合作。

2. 答案要点：在中小企业不断强化自身发展的同时，各级政府应充分发挥宏观调控的作用，采取有效措施鼓励和支持中小企业的发展。（1）扩大政策支持，减轻成本压力。（2）引导资金流向，减少金融冲击。（3）健全担保机制，完善担保体系。（4）构建融资体系，拓展融资渠道。（5）帮助产业升级，推进二次创业。（6）创新产品服务，拓展国内市场。（7）搭建“三创”平台，完善社会服务。

全真模拟演练（一）

（考试时间 150 分钟）

总分		题号	一	二	三	四	五	六
核分人		得分	20	20	9	25	10	16
复查人		得分						

一、单项选择题（本大题共 20 小题，每小题 1 分，共 20 分。在每小题列出的四个备选项中只有一个是符合题目要求的，请将其代码填写在题后的括号内。错选、多选或未选均无分。）

1. 下列哪一选项不属于战略分析中的外部环境分析(　　)。

A. 买方　　B. 供应方

C. 企业人员素质　　D. 潜在进入者

2. 负责组织公司或事业部的具体业务的职能或运营，且通常局限于某一具体的组织活动，是指(　　)。

A. CEO　　B. 董事会

C. 职能经理　　D. 公司层职员

3. 在创业早期阶段，创业企业的资金来源主要是(　　)。

A. 私人权益资本 B. 内部集资　　C. 发行股票　　D. 发行债券

4. 成功创业的第一前提是(　　)。

A. 健康和精力　　B. 自信

C. 自我控制与约束　　D. 沟通技巧与人际关系

5. 企业融资方式中成本最低的是(　　)。

A. 留利资金融资　　B. 沉淀资金

C. 内部集资　　D. 民间融资

6. 企业在创立期的主要融资方式是(　　)。

A. 发行债券　　B. 长期借款

C. 短期借款　　D. 权益融资

7. 短期人力资源战略规划的时间跨度为(　　)。

A. 1 个月　　B. 3 个月　　C. 6 个月　　D. 12 个月

8. 根据企业生命周期理论，企业的发展过程可以分为(　　)。

A. 创建阶段、成熟阶段、衰退阶段和消亡阶段

B. 创建阶段、成长阶段、成熟阶段和消亡阶段

C. 创建阶段、发展阶段、成熟阶段和衰退阶段

D. 创建阶段、成长阶段、成熟阶段和衰退阶段

9. 下列哪一选项是企业经营的指导纲领（　　）。

A. 技术　　B. 研发　　C. 战略　　D. 营销

10. 产品研发满足特定顾客群需要，是指（　　）。

A. 差别化战略　　B. 专一化战略

C. 多元化战略　　D. 总成本战略

11. 下列哪一项是构成市场的基本因素（　　）。

A. 需求　　B. 人口

C. 购买力　　D. 购买欲望

12. 营销战略成功的关键为（　　）。

A. 顾客导向及其推销　　B. 产品导向及其生产

C. 市场导向及其推广　　D. 客户需求及其满意度

13. 信息技术的开发和应用过程是信息化建设的（　　）。

A. 基础　　B. 核心与关键　　C. 条件　　D. 重要支撑

14. 下列哪一项是信息化的基础（　　）。

A. 设计信息化　　B. 产品信息化

C. 生产过程信息化　　D. 企业管理信息化

15. 下列哪一项集中体现了一个企业经营管理的核心主张（　　）。

A. 企业制度　　B. 企业规模　　C. 企业文化　　D. 企业类型

16. 成功是不能复制的，企业文化也同样不能拷贝，这是因为企业文化具有（　　）。

A. 复杂性　　B. 人本性　　C. 动态性　　D. 有机性

17. 经济全球化和跨国公司中国战略的新取向是（　　）。

A. 客观条件　　B. 必然路径

C. 机遇与挑战　　D. 前提条件

18. 企业把全球市场作为一个整体来考虑，属于国际化过程中的第几阶段（　　）。

A. 第一阶段　　B. 第二阶段　　C. 第三阶段　　D. 第四阶段

19. 下列哪项不属于国家制定的规范中小企业市场秩序的法律（　　）。

A.《信托法》　　B.《反垄断法》

C.《反不正当竞争法》　　D.《反倾销法》

20. 政府经济管理职能转变要集中解决“三位”问题，其中不包括下列哪项（　　）。

A.“越位”　　B.“让位”　　C.“缺位”　　D.“错位”

二、多项选择题（本大题共 10 小题，每小题 2 分，共 20 分。在每小题列出的五个备选项中至少有两个是符合题目要求的，请将其代码填写在题后的括号内。错选、多选或未选均无分。）

21. 下列哪些属于职能层管理者负责的职能或运营（　　）。

A. 财务　　B. 采购

C. 人力资源　　D. 产品开发
E. 客户服务

22. 市场调研的方法包括(　　)。
A. 头脑风暴法　　B. 电话访问法
C. 入户访问法　　D. 专家意见法
E. 小组座谈法

23. 留利资金融资的优点包括(　　)。
A. 增强企业实力　　B. 可以相应减少债务资本
C. 不需要支付代价　　D. 融资成本低
E. 增强企业用其他方式筹资的能力

24. 制定科学的人力资源战略规划，其作用包括(　　)。
A. 合理利用人力资源　　B. 增强企业资金流转
C. 提高企业劳动效率　　D. 降低人工成本
E. 增加企业经济效益

25. 企业蓝图主要概括(　　)。
A. 企业的使命　　B. 企业的未来目标
C. 企业的核心价值　　D. 企业的经营管理
E. 企业的指导思想

26. “4Ps”理论包括(　　)。
A. 价格　　B. 包装　　C. 产品　　D. 渠道
E. 促销

27. 信息产业基础的内容包括(　　)。
A. 信息装备制造　　B. 信息制度建设
C. 信息咨询服务　　D. 信息科学技术研究
E. 信息科学技术开发

28. 企业文化的性质主要表现为(　　)。
A. 历史性　　B. 人本性　　C. 动态性　　D. 有机性
E. 复杂性

29. 根据国际折中理论，企业在实施国际化经营时必须考虑哪些因素(　　)。
A. 区位因素　　B. 所有权特定因素
C. 内部化因素　　D. 规模因素
E. 战略因素

30. 政府的技术创新政策支持体系主要包括哪几个方面(　　)。
A. 技术支持　　B. 资金支持
C. 人才支持　　D. 服务支持
E. 信息支持

三、名词解释题（本大题共3小题，每小题3分，共9分）

31. 战略控制

32. 内源融资
33. 纳入战略

四、简答题（本大题共 5 小题，每小题 5 分，共 25 分）

34. 中小企业创业的成功因素可以分为哪几个方面？
35. 简述间接融资的主要特征。
36. 试简述模仿型技术研发战略的优势。
37. 简述我国中小企业文化建设的现状。
38. 简述政府政策对中小企业发展的作用。

五、案例分析题（本题 10 分）

39. A 公司要在美国推出一种新品牌汽车。在设计新车前，他们派出工程技术人员专程到洛杉矶地区考察高速公路的情况，实地丈量路长、路宽，采集高速公路的柏油，拍摄进出口道路的设计。回国后，专门修了一条约 14.5 千米的高速公路，就连路标和告示牌都与美国公路上的一模一样。在设计行李箱时，设计人员意见有分歧，他们就到停车场看了一个下午，看人们如何放取行李。这样一来，意见马上统一起来。结果 A 公司的这种汽车一到美国就备受欢迎，被称为是全世界都能接受的好车。

问题：(1) 判断 A 汽车公司采取的是何种营销观念？

(2) 论述该观念的特征及其与推销观念的区别。

六、论述题（本大题共 2 小题，每小题 8 分，共 16 分）

40. 论述企业不同发展阶段的人力资源管理战略核心。
41. 论述我国中小企业信息化战略的发展趋势。

全真模拟演练（一）参考答案及解析

一、单项选择题（本大题共20小题，每小题1分，共20分）

1. C	2. C	3. A	4. A	5. A
6. D	7. D	8. D	9. C	10. B
11. B	12. D	13. A	14. B	15. C
16. A	17. A	18. D	19. A	20. B

二、多项选择题（本大题共10小题，每小题2分，共20分）

21. BCDE	22. BCE	23. ABCDE	24. ACDE	25. ABC
26. ACDE	27. ACDE	28. ABCDE	29. ABC	30. ABCE

三、名词解释题（本大题共3小题，每小题3分，共9分）

31. 是将战略执行过程中实际取得的成果与预期的战略目标进行比较，评价达标程度，分析其原因，及时采取有力措施纠正偏差，以保证战略目标的实现。(3分)

32. 是指企业在生产经营过程中从其内部提取或留存资金，以弥补原有投资的不足和扩大再生产。(3分)

33. 是指国内中小企业通过在国际市场上以承包、许可证、分包等形式参与国外跨国公司的生产分工，纳入国外跨国公司的生产经营网络之中，利用国际网络中的资源潜能。(3分)

四、简答题（本大题共5小题，每小题5分，共25分）

34. (1) 创业者的个性特征；(1分)

(2) 创业项目的选定；(1分)

(3) 创业资金的筹集；(1分)

(4) 创业者的经营管理能力。(2分)

35. (1) 间接性；(1分)

(2) 相对的集中性；(1分)

(3) 信誉的差异性较小；(1分)

(4) 全部具有可逆性；(1分)

(5) 融资的主动权掌握在金融中介手中。(1分)

36. (1) 进入门槛低；(1分)

(2) 成本优势明显；(2分)

(3) 经营风险低。(2分)

37. (1) 不重视企业文化的建设；(1分)

(2) 对企业文化缺乏全面的认识；(2分)

（3）家族色彩浓厚；（1分）

（4）缺乏特色。（1分）

38.（1）政府的各项政策是中小企业可持续发展的经济契机；（1分）

（2）政府对中小企业依法管理的执行力和主动性是中小企业良性发展的重要支撑；（1分）

（3）政府管理职能的转变是中小企业发展的活力源泉；（1分）

（4）政府支持是企业技术进步和创新的强大动力；（1分）

（5）政府制定长远发展规划是中小企业协调发展的有效措施。（1分）

五、案例分析题（本题10分）

39. 答案要点：（1）A汽车公司采取的是市场营销观念。（2分）

（2）市场营销观念的特点：市场营销观念是一种新型的企业经营哲学，即“顾客需要什么，就生产什么”。（2分）与推销观念的区别：①推销观念注重卖方需要；市场营销观念则注重买方需要。（2分）②在推销观念以卖主需要为出发点，考虑如何把产品变成现金；而市场营销观念则考虑如何通过制造、传送产品以及与最终消费产品有关的所有事物，来满足顾客的需要。（2分）③市场营销观念的4个支柱是：市场中心、顾客导向、协调的市场营销和利润。推销观念的4个支柱是：工厂、产品导向、推销、赢利。（2分）

六、论述题（本大题共2小题，每小题8分，共16分）

40.（1）创建阶段，吸引和获取企业所需的关键人才；制定鼓励关键人才创业的激励发现和培养核心人才。（2分）

（2）成长阶段，进行人力资源需求预测，制定人力资源规划；完善培训、考评和薪酬机制；建立规范的人力资源管理体系。（2分）

（3）成熟阶段，激发创新意识，推动组织变革，保持企业活力；吸引和留住创新人才，保持企业创新人才基础。（2分）

（4）妥善裁减多余人员，严格控制人工成本，提高组织运行效率；调整企业人力资源政策，吸引并留住关键人才。（2分）

41.（1）企业信息化的层次不断加深；……（2分）（2）企业信息化的理念的国际化；……（2分）（3）企业信息化技术的专业化；……（2分）（4）企业信息化的区域差异；……（2分）

全真模拟演练（二）

（考试时间150分钟）

总分		题号	一	二	三	四	五	六
核分人		得分	20	20	9	25	10	16
复查人		得分						

一、单项选择题（本大题共20小题，每小题1分，共20分。在每小题列出的四个备选项中只有一个是符合题目要求的，请将其代码填写在题后的括号内。错选、多选或未选均无分。）

1. 下列哪一项不属于量的指标（　　）。
   A. 组织形式　　B. 雇员人数
   C. 实收资本、　　D. 资产总值
2. 企业在一定的战略期内总体发展的总水平和总任务，且其决定了企业在该战略期间总体发展的主要行动方向，成为企业战略的核心，是指（　　）。
   A. 战略思想　　B. 战略目标
   C. 战略措施　　D. 战略规划
3. 创业环境建设的核心是（　　）。
   A. 培养创业意愿　　B. 创造机会
   C. 提高创业能力　　D. 制定法律制度
4. 创业者进行创业活动的最主要目标之一是（　　）。
   A. 实现成本最小化　　B. 实现商业价值
   C. 实现利润最大化　　D. 实现社会价值
5. 企业进行沉淀资金融资时，要注意其缺点，以下是其缺点的是（　　）。
   A. 若折旧期结束时不能收回沉淀资金，将大大影响企业的固定资产更新技术改造
   B. 若折旧期结束时不能收回沉淀资金，将大大增加企业生产运营中的财务风险
   C. 若折旧期结束时不能收回沉淀资金，将大大影响企业固定资产的法律效用
   D. 若折旧期结束时不能收回沉淀资金，将大大提高企业的固定资产融资成本
6. 创立期的高科技企业为吸引风险投资者可通过哪种方式进行融资（　　）。
   A. 长期借款　　B. 实收资本
   C. 短期借款　　D. 债券融资

7. 长期人力资源战略规划的时间跨度为(　　)。

A. 1 年　　B. 3～5 年　　C. 5 年以上　　D. 7 年以上

8. 移动配置型具体表现形式大致有(　　)。

A. 晋升、调整和调动　　B. 晋升、降职和调动

C. 安置、调整和辞退　　D. 晋升、降职和辞退

9. 技术研发战略管理的主线是(　　)。

A. 竞争优势的提升　　B. 技术战略的贯彻

C. 科研项目的完善　　D. 新型项目的实施

10. 下列哪一项不是根据技术研发能力以及技术研发地位划分的（　　）

A. 合作型技术研发战略　　B. 领先型技术研发战略

C. 跟随型技术研发战略　　D. 集成型技术研发战略

11. 下列哪一项是指导销售者行为的最古老的观念之一(　　)。

A. 产品观念　　B. 推销观念

C. 生产观念　　D. 推销观念

12. 下列哪项不属于社会市场营销观念要求市场营销者要统筹兼顾的利益(　　)。

A. 企业利润　　B. 社会利益

C. 员工权益　　D. 消费者需要的满足

13. “信息化”这一思想最早在哪个国家提出(　　)。

A. 日本　　B. 英国　　C. 中国　　D. 美国

14. 企业管理信息系统的核心是(　　)。

A. 财务管理　　B. 业务管理　　C. 生产管理　　D. 销售管理

15. 以下哪个层次的企业文化是企业文化的外显文化(　　)。

A. 企业的行为文化　　B. 企业的制度文化

C. 企业的精神文化　　D. 企业的物质文化

16. 下列哪一项是由企业的经营哲学和价值观念来实现的(　　)。

A. 价值导向功能　　B. 精神导向功能

C. 行为导向功能　　D. 活动导向功能

17. 根据国际折中理论，企业在实施国际化经营时必须考虑三种因素，以下哪一选项不属于这三种因素之一(　　)。

A. 区位因素　　B. 所有权特定因素

C. 内部化因素　　D. 规模因素

18. 下列哪项不属于全球战略的风险(　　)。

A. 单一区位可能导致较高的关税和运输成本

B. 活动集中化可能增加对单一设备的依赖

C. 适应当地市场的能力有限

D. 产品的标准化问题

19. 下列哪项体现了政府对中小企业管理职能的转变(　　)。

A. 控制型转向服务型　　B. 控制型转向干预型

C. 引导型转向保护型　　D. 引导型转向控制型

20. 下列哪一项是中小企业迅速发展壮大的基础(　　)。
A. 健全的服务支持机构　　B. 健全的法律体系
C. 完善的管理和扶持政策　　D. 宽松的融资渠道

二、多项选择题(本大题共 10 小题，每小题 2 分，共 20 分。在每小题列出的五个备选项中至少有两个是符合题目要求的，请将其代码填写在题后的括号内。错选、多选或未选均无分。)

21. 下列哪些选项属于企业战略管理的要点(　　)。
A. 有明确的目的性
B. 能够帮助企业实现转型
C. 关心企业长期稳定的发展
D. 是一个全面的、全过程的管理
E. 强调将直觉与分析结合起来进行决策
22. 我国当前创办企业最常见的企业法律形式有(　　)。
A. 个体工商户　　B. 个人独资企业
C. 合伙企业　　D. 有限责任公司
E. 无限责任公司
23. 企业生命周期分为以下哪几个阶段(　　)。
A. 创立期　B. 成长期　C. 成熟期　D. 萧条期
E. 衰退期
24. 人力资源管理对企业健康发展的贡献较小主要是指(　　)。
A. 企业长远的发展　　B. 员工绩效
C. 人才引进　　D. 企业效益
E. 企业整体竞争力
25. 企业的外部客观环境包括(　　)。
A. 自然环境　　B. 竞争压力
C. 技术开发能力　　D. 经济发展水平
E. 技术进步速度
26. 市场营销观念的支柱包括(　　)。
A. 利润　　B. 市场中心
C. 顾客导向　　D. 市场营销
E. 产品导向
27. 企业信息化的特征包括(　　)。
A. 形态特征　　B. 阶段特征
C. 效益隐性特征　　D. 内部关联性特征
E. 外部关联性特征
28. 中国的企业受传统文化的影响很深，企业文化呈以下特点(　　)。
A. 用人上论资排辈　　B. 管理上不得越级
C. 决策上集体为主　　D. 治理上情重于法

E. 和谐合作的文化氛围

29. 约翰孙和麦特森将实施国际化战略的企业分为哪些类型（　　）。

A. 早行动企业　　B. 孤独的国际化企业

C. 晚行动企业　　D. 全球企业

E. 团体型国际化企业

30. 中小企业的发展规则是由什么确立的（　　）。

A. 国家立法机关　　B. 市场规则

C. 企业　　D. 法律规则

E. 行业协会

三、名词解释题（本大题共 3 小题，每小题 3 分，共 9 分）

31. 标准打分矩阵法

32. 企业信息化

33. 多国本土化战略

四、简答题（本大题共 5 小题，每小题 5 分，共 25 分）

34. 试简述中小企业战略管理的特点。

35. 合伙企业的设立条件有哪些？

36. 外部招聘的优点有什么？

37. 简述成熟期产品的具体营销策略。

38. 简述中小企业国际化经营的目的。

五、案例分析题（本题 10 分）

39. 20 世纪 70 年代，苹果计算机公司成立，从一个小型的计算机制造商，经历了衰落到重回辉煌，离不开公司美好的蓝图：制造最精致的手机，无论是外观、手感，还是每一个零部件都包含设计元素，其中也包括对未来技术研发活动中的各种设想。在这一蓝图的指引下，进行了大量的技术研发活动，生产出体积更小、成本更低、性能更卓越、造型更美观的手机，为手机艺术作出了极其重要的贡献，同时也为苹果产品带来了世界著名企业的头衔，在经营上获得了前所未有的成功。

问题：(1) 结合案例，试述企业蓝图在整个技术研发战略中的地位和作用？

(2) 企业蓝图的实现途径有哪些？

六、论述题（本大题共 2 小题，每小题 8 分，共 16 分）

40. 论述企业在选择具体的融资方式时应考虑的因素。

41. 论述企业在创业期的文化建设有哪些特点？

全真模拟演练（二）参考答案及解析

一、单项选择题（本大题共 20 小题，每小题 1 分，共 20 分）

1. A	2. B	3. B	4. B	5. A
6. B	7. C	8. B	9. B	10. A
11. C	12. C	13. A	14. A	15. D
16. A	17. D	18. D	19. A	20. B

二、多项选择题（本大题共 10 小题，每小题 2 分，共 20 分）

21. ACDE	22. BCD	23. ABCE	24. ABDE	25. ABDE
26. ABCD	27. ABCDE	28. ABCD	29. ABCD	30. BD

三、名词解释题（本大题共 3 小题，每小题 3 分，共 9 分）

31. 通过设定对选择行业有重要影响因素，由专家或根据统计资料对每一个因素进行等级打分，用每一因素对不同行业选择进行比较，选择得分较高的行业。(3 分)

32. 企业能够在充分发掘和利用先进的信息技术的基础上，将信息资源应用于整个企业经营过程，实现企业系统化、自动化、高效化的过程。(3 分)

33. 又称多国战略，是根据不同国家的不同市场，提供更能满足当地市场需要的产品和服务。(1 分) 实施多国本土化战略的公司首先在其国内市场开发产品，然后把产品提供给国外的子公司进行销售或改造。(2 分)

四、简答题（本大题共 5 小题，每小题 5 分，共 25 分）

34. (1) 中小企业战略管理实施的正式程度远远不如大企业及跨国公司。 (1 分) (2) 中小企业其业务范围的战略性比大企业或跨国公司小，即战略管理的幅度较小。(1 分) (3) 中小企业的增长速度一般超出创建者的意料范围，其组织成长的过程一般会经历依靠创新成长、依靠指导成长、依靠授权成长、依靠协调成长、依靠合作成长五个阶段。(3 分)

35. (1) 有两个以上的合伙人，并且都是依法承担无限责任者；(1 分) (2) 有书面合伙协议；(1 分) (3) 有各合伙人实际缴付的出资；(1 分) (4) 有合伙企业名称；(1 分) (5) 有经营场所和从事合伙经营的必要条件。(1 分)

36. (1) 有利于招聘到一流人才；(1 分) (2) 平息缓和内部竞争者之间的紧张关系；(1 分) (3) 为企业树立良好的形象；(1 分) (4) 规避涟漪效应产生的各种不良反应。(2 分)

37. (1) 市场修正策略，即通过努力开发新的市场，来保持和扩大自己的商品市场份额。(1 分) (2) 产品改良策略，企业可以通过产品特征的改良，来提高销售量。(2 分) (3) 营销组合调整策略企业通过调整营销组合中的某一因素或者多个因素刺激销售。(2 分)

38.（1）开拓更广阔的产品市场，扩大出口贸易；（1分）（2）充分获取各种资源，拓宽企业发展空间，增强企业活力；（1分）（3）吸收先进技术，提高企业技术能力；（1分）（4）学习先进管理经验，锻炼适应国际市场竞争的人才。（2分）

五、案例分析题（本题10分）

39.（1）答案要点：企业蓝图的战略地位：第一，企业蓝图指明了企业的前进方向，是企业存在的目的和理由。（2分）第二，不但可以使员工更团结，还能凝聚员工使之成为一个共同体。（2分）第三，企业蓝图能指引企业的经营策略、薪酬制度、产品技术甚至商品的存储放置等细节，不但是企业的行动纲领，更是其灵魂。（2分）

（2）答案要点：要使企业蓝图变化为现实需要思考：第一个问题，我们的企业是什么？（1分）第二个问题，我们的企业将是什么？（1分）第三个问题，我们的企业应该是什么？（1分）其他合理解释。（1分）

六、论述题（本大题共2小题，每小题8分，共16分）

40.（1）考虑经济环境的影响；（1分）（2）考虑融资方式的资金成本；（1分）（3）考虑融资方式的风险；（1分）（4）考虑企业的盈利能力及发展前景；（1分）（5）考虑企业所处行业的竞争程度；（1分）（6）考虑企业的资产结构和资本结构；（1分）（7）考虑企业的控制权；（1分）（8）考虑利率、税率的变动。（1分）

41.（1）创业期的企业文化是指企业在开始创业时所展现的企业文化。（1分）（2）创业期的企业文化的形成是通过吸取企业所处环境中的文化精髓，并与企业高层领导人的价值观及其创业理念进行融合，而形成了企业创业期的文化。（2分）（3）此时期主要是物质文化和制度文化的积累，是一些简单的理念所形成的企业文化。（1分）（4）创业期的企业文化建设是最为重要的，其中创新精神在创业期是最为主要的因素。（2分）（5）对企业的后续发展有着巨大的影响，健康的创业期文化对企业的发展具有推动作用；病态的创业期文化对企业的发展具有阻碍作用。（2分）

全真模拟演练（三）

（考试时间 150 分钟）

总分		题号	一	二	三	四	五	六
核分人		得分	20	20	9	25	10	16
复查人		得分						

一、单项选择题（本大题共 20 小题，每小题 1 分，共 20 分。在每小题列出的四个备选项中只有一个是符合题目要求的，请将其代码填写在题后的括号内。错选、多选或未选均无分。）

1. 下列哪一项不属于我国新中小企业界定标准的特点：(　　)。
A. 行业范围大幅缩小　　B. 行业范围更加细化
C. 界定标准大量简化　　D. 主体角色转变，行政色彩削减
2. 评价影响企业目前和今后发展的关键因素，并确定在战略选择步骤中的具体影响因素，是指(　　)。
A. 战略选择的主要目的　　B. 战略制定的主要目的
C. 战略实施的主要目的　　D. 战略分析的主要目的
3. 在创业意愿相对较高的地方，以下哪种举措作用更大(　　)。
A. 设多种奖项来选拔杰出创业者
B. 鼓励创造和创新精神
C. 组织相关活动使大众认识创业者的价值
D. 税收和其他的优惠政策
4. 市场调研是创业前的重要步骤，我国最常用的调查方法是(　　)。
A. 电话访问法　　B. 入户访问法
C. 专家意见法　　D. 小组座谈法
5. 内部集资的缺点是(　　)。
A. 提高债务风险　　B. 影响固定资产更新技术改造
C. 一种次要的、辅助性的融资方式　　D. 融资成本高
6. 当企业正处于盈利能力不断上升，发展前景良好的时期，理想的融资方式是(　　)。
A. 债务筹资　　B. 股权融资　　C. 内部融资　　D. 发行股票
7. 员工招聘与配置中的招聘原则不包括(　　)。
A. 全面、竞争原则　　B. 人才推荐原则

C. 低成本、高效率原则　　D. 择优录取原则

8. 按宽口径的界定，薪酬等同于(　　)。

A. 报酬　　B. 工资和福利

C. 货币型薪资　　D. 实物性薪资

9. 技术研发战略管理的目标是(　　)。

A. 竞争优势的提升　　B. 企业规模的扩大

C. 科研项目的完善　　D. 新型项目的发明

10. 对于技术领先型技术研发企业，保持长期市场竞争力的最主要途径是(　　)。

A. 技术管理　　B. 技术开发

C. 技术调整　　D. 技术研发

11. 下列哪一项是潜在购买需求转变为现实购买行为的重要条件(　　)。

A. 需求　　B. 人口

C. 购买力　　D. 购买欲望

12. 美国汽车大王亨利·福特曾宣称："不管顾客需要什么颜色的汽车，我只有一种黑色的。"这种观念是(　　)。

A. 产品观念　　B. 生产观念

C. 推销观念　　D. 客户观念

13. 信息资源的开发和利用过程是信息化建设的(　　)。

A. 基础　　B. 核心与关键

C. 条件　　D. 重要支撑

14. 利用计算机技术对老设备进行改造，使生产技术装备智慧化，从而提高设备的生产率，减少企业固定资本的投入，是指(　　)。

A. 生产过程自动化　　B. 生产过程高效化

C. 生产过程数字化　　D. 生产过程智慧化

15. 企业文化的外部表现形式是(　　)。

A. 企业的制度文化　　B. 企业的行为文化

C. 企业的精神文化　　D. 企业的物质文化

16. 在企业行为中，企业文化的导向功能发挥着重要的作用，其具体表现为价值导向功能和下列哪一项导向功能(　　)。

A. 精神导向功能　　B. 行为导向功能

C. 活动导向功能　　D. 物质导向功能

17. 下列哪一项是企业由国内市场向国际市场发展的渐进演变过程(　　)。

A. 企业多元化　　B. 企业国际化

C. 企业本土化　　D. 企业专业化

18. 间接的、被动的非经常性进出口，属于国际化过程中的第几阶段(　　)。

A. 第一阶段　　B. 第二阶段

C. 第三阶段　　D. 第四阶段

19. 政府经济管理职能转变要集中解决"三位"问题，其中不包括(　　)。

A. "越位"　　B. "让位"　　C. "缺位"　　D. "错位"

20. 下列哪一项法律为扶持中小企业发展专项资金，规定在中央财政预算内设立中小企业科目(　　)。
A. 《公司法》　　B. 《关于促进以创业带动就业工作的指导意见》
C. 《中小企业促进法》　　D. 《担保法》

二、多项选择题（本大题共10小题，每小题2分，共20分。在每小题列出的五个备选项中至少有两个是符合题目要求的，请将其代码填写在题后的括号内。错选、多选或未选均无分。）

21. 下列哪些选项属于质的指标(　　)。
A. 实收资本　　B. 行业地位
C. 融资方式　　D. 资产总值
E. 组织形式

22. 一般创业环境归为以下哪几类(　　)。
A. 教育与管理技能培养　　B. 社会文化
C. 社会经济条件　　D. 金融与非金融支持
E. 支持政府政策

23. 在市场经济中，企业一般通过哪两种渠道获取资金(　　)。
A. 外源融资　　B. 内源融资
C. 项目融资　　D. 企业融资
E. 个人融资

24. 人力资源战略规划按期限的长短，可以分为(　　)。
A. 临时规划　　B. 短期规划
C. 中期规划　　D. 中长期规划
E. 长期规划

25. 技术研发战略的基本内容包括(　　)。
A. 陈述技术使命　　B. 预测未来技术
C. 勾画技术生命周期　　D. 平衡企业技术业务量
E. 确定核心技术及能力

26. 6P理论包括(　　)。
A. 产品和价格　　B. 包装和促销
C. 渠道和促销　　D. 渠道和包装
E. 政治力量和公共关系

27. 下列哪些选项不全属于信息化过程六大要素的内容(　　)。
A. 信息网络、信息产业、信息技术
B. 信息网络、信息资源、信息系统
C. 信息法规环境、信息系统、信息产业
D. 信息运行环境、信息人才、信息资源
E. 信息法规环境、信息技术、信息人才

28. 企业文化的约束功能主要通过完善以下哪些方面来实现（　　）。

A. 管理制度　B. 纪律规范　C. 薪酬制度　D. 道德规范

E. 员工手册

29. 根据产品生命周期理论，产品发展历程可以分为哪几个阶段（　　）。

A. 初始期　B. 开发期　C. 成长期　D. 成熟期

E. 衰退期

30. 政府在扶持中小企业发展的过程中面临着许多现实的挑战，目前法制建设方面的问题主要表现在哪些方面（　　）。

A. 缺乏健全的法制体系

B. 法律法规过于笼统，解释空间过大

C. 各种市场法规的制定尚不完善

D. 欠缺一定的应变性，难以适应变化了的市场状况

E. 存在以部门、地方条规否定国家法律的现象

三、名词解释题（本大题共 3 小题，每小题 3 分，共 9 分）

31. 留利资金融资

32. 间接薪酬

33. 实用新型专利

四、简答题（本大题共 5 小题，每小题 5 分，共 25 分）

34. 试简述战略管理对中小企业的作用。

35. 简述中小企业融资困境的内部成因。

36. 试简述技术研发战略与通用战略之间的关系。

37. 试简述中小企业信息化建设的意义。

38. 简述跨国战略的优势、风险和挑战。

五、案例分析题（本题 10 分）

39. 美国 A 公司的创立者沃森是一位充满野心和战斗力的人，他希望他的公司财源滚滚，同时也希望能借此反映出他个人的价值观。因此，他把这些价值观标准写出来，形成沃森原则：①必须尊重个人；②必须尽可能给予顾客最好的服务；③必须追求优异的工作表现。这些准则一直牢记在公司每位人员的心中，任何一个行动及政策都直接受到这三条准则的影响，每一位员工都在追求自身的最好表现，对公司的“规章”、“原则”或“哲学”执行非常严格。

问题：（1）结合案例，简述美国企业文化的内涵。

（2）结合案例，分析美国企业文化的特点。

六、论述题（本大题共 2 小题，每小题 8 分，共 16 分）

40. 试论述如何构建我国中小企业创业支持体系。

41. 针对目前中小企业发展存在的问题，应如何强化我国中小企业政府支持体系？

全真模拟演练（三）参考答案及解析

一、单项选择题（本大题共20小题，每小题1分，共20分）

1. B　2. D　3. D　4. B　5. C
6. A　7. B　8. A　9. A　10. D
11. D　12. B　13. B　14. D　15. D
16. B　17. B　18. A　19. B　20. C

二、多项选择题（本大题共10小题，每小题2分，共20分）

21. BCE　22. ACDE　23. AB　24. BCE　25. ABCDE
26. ACE　27. BCD　28. AD　29. BDE　30. ABCDE

三、名词解释题（本大题共3小题，每小题3分，共9分）

31. 提取企业法定盈余公积金和提取公益金等手段来实现企业融资目的。(3分)

32. 又称为员工福利和服务，(1分) 一般包括非工作时间付薪、向员工个人及其家庭提供的服务（如儿童看护、家庭理财咨询、工作时间的餐饮服务等）、健康医疗保健、人寿保险以及法定和企业补充养老金等。(2分)

33. 是指发明创造人关于产品的形状、构造或其结合所提出的适于实用的新技术方案。(3分)

四、简答题（本大题共5小题，每小题5分，共25分）

34. (1) 企业战略为企业提出了清晰的发展方向和途径，有利于企业的长期稳定发展。(1分) (2) 企业经营战略可以提高企业的市场应变能力，使企业处于主动和优势地位。(1分) (3) 企业经营战略增强了企业的竞争能力，有利于开拓国际和国内市场。(1分) (4) 企业经营战略能够使企业不断创新，以适应市场变化。(2分)

35. 首先，中小企业融资困境有着极为深度的内部原因，那就是企业信用文化的缺失。(2分) 其次，中小企业抵押式担保能力不足。(1分) 最后，中小企业往往一般规模小，盈利能力差，经营风险高。(2分)

36. (1) 通用战略包括总成本战略、差别化战略和专一化战略，(1分) 在实施这三种竞争战略的过程中，企业技术研发战略都可以作为一个强有力的工具，推动竞争战略的成功实施。(2分) (2) 由于三种竞争战略各有特点，因此针对每一种竞争战略，技术研发的实施重点会有所差异。(2分)

37. (1) 企业信息化是提高企业竞争力的需要；(1分) (2) 信息化是企业实现精细化管理的途径；(1分) (3) 信息化是满足客户个性化需求的保证；(1分) (4) 信息化有助于企业适应国际化市场。(2分)

38. (1) 优点：①能够使产品和服务适应当地市场条件；(1分) ②便于发现既定市场中潜在的有力吸引力的市场空位。(1分) (2) 风险：①缺乏利用规模经济以实现成本节约能力；(1分) ②无法向外国市场转移独特竞争能力。(1分) ③由于环境变化可能导致“过度适应”或“适应不足”。(1分)

五、案例分析题（本题10分）

39. (1) 答案要点：美国作为一个移民国家，根基尚浅的民族文化中缺少思想的禁锢与僵化的传统。(2分) 个人主义作为价值观念的基础，在美国根深蒂固，这是美国企业文化形成的背景。(2分)

(2) 答案要点：在美国个人主义背景下形成的美国企业文化，主要有以下五个特点。(1分) 个性自由与勇于创新。…… (1分) 信奉功利主义。…… (1分) 人人平等与公平竞争。…… (1分) 崇尚英雄的企业家精神。…… (1分) 标新立异、敢于挑战权威。…… (1分)

六、论述题（本大题共2小题，每小题8分，共16分）

40. 转变政府职能；…… (2分) 优化法治环境；…… (3分) 建立多层次资本市场；…… (3分)

41. (1) 健全法律体系。(2) 组建完善的管理、服务机构和扶持政策。(2分) (3) 拓宽融资渠道。(2分) (4) 进一步完善服务体系。(2分)

全真模拟演练（四）

（考试时间 150 分钟）

总分		题号	一	二	三	四	五	六
核分人		得分	20	20	9	25	10	16
复查人		得分						

一、单项选择题（本大题共 20 小题，每小题 1 分，共 20 分。在每小题列出的四个备选项中只有一个是符合题目要求的，请将其代码填写在题后的括号内。错选、多选或未选均无分。）

1. 下列哪一选项不属于质的指标（　　）。

A. 组织形式　　B. 融资方式

C. 所处行业地位　　D. 雇员人数

2. 战略选择阶段所要解决的问题是(　　)。

A. 企业目前的状况　　B. 企业走向何处

C. 如何分配现有的资源　　D. 调整公司的目标体系

3. 在中国的创业者类型中，所占比例最高的是(　　)。

A. 生存型创业者　　B. 变现型创业者

C. 主动型创业者　　D. 盲动型创业者

4. 哪种市场调研方法是用于获取对问题的理解和深层了解的探索性研究(　　)。

A. 电话访问法　　B. 入户访问法

C. 拦截访问法　　D. 深度访谈法

5. 留利资金融资的缺点(　　)。

A. 融资成本高

B. 转化形式受国家有关规定之约

C. 增加财务风险　　D. 增加债务资本

6. 处于成熟期的企业不应选择的融资方式有(　　)。

A. 发行债券　　B. 留存利润

C. 长期借款　　D. 短期借款

7. 中期人力资源战略规划的时间跨度为(　　)。

A. 6 个月～1 年　　B. 1～2 年

C. 2～5 年　　D. 3～5 年

8. 培训文化的建立非常重要，以下哪个原因是错的(　　)。
   A. 是考察组织中培训发展现状的重要标志
   B. 是企业发展程度的重要体现方式
   C. 是知识经济时代企业文化的重要特征
   D. 是企业文化的重要组成部分
9. 在市场竞争中企业利用自己独有的技术研发活动，创建一个价值独特的定位，以获取企业核心竞争力，是指(　　)。
   A. 研发核心战略　　B. 市场营销战略
   C. 品牌规划战略　　D. 技术研发战略
10. 下列哪一选项属于技术研发不确定性(　　)。
   A. 市场不确定性和风险不确定性
   B. 风险不确定性和产品不确定性
   C. 产品不确定性和技术不确定性
   D. 市场不确定性和技术不确定性
11. 市场营销的基本原理是(　　)。
   A. 通过发现并满足顾客的需求，销售企业的产品
   B. 通过满足顾客需要促进交换，最终实现企业目标
   C. 通过交换及交易活动，满足组织或个人的需求目标
   D. 通过生产领域和消费领域，进行全方位的营销活动
12. 产品供不应求的“卖方市场”形势下应采用(　　)。
   A. 产品观念　　B. 推销观念
   C. 生产观念　　D. 推销观念
13. 信息产品制造业不断发展的过程是信息化建设的(　　)。
   A. 基础　　B. 核心与关键
   C. 条件　　D. 重要支撑
14. 以新的方式、方法和理念，利用信息技术，开展网上营销和服务，更有效地促成个人和组织交易活动的实现，是指(　　)。
   A. 设计信息化　　B. 产品信息化
   C. 生产过程信息化　　D. 营销及服务信息化
15. 企业文化通常包括四个层次的内容，以下哪个层次是通过企业生产的产品、硬件设施及企业所处的环境体现出来的(　　)。
   A. 企业的物质文化　　B. 企业的行为文化
   C. 企业的精神文化　　D. 企业的制度文化
16. 企业文化关注的中心是对企业中人的因素的管理与激发，这反映了企业文化具有(　　)。
   A. 复杂性　　B. 人本性　　C. 动态性　　D. 有机性
17. 下列哪一理论是由英国学者巴克利、卡森和加拿大的拉格曼等共同创立和发展起来的(　　)。
   A. 内部化理论　　B. 生命周期理论

C. 小规模技术理论　　D. 技术地方化理论

18. 内向型国际化战略不包括下列哪一项(　　)。

A. 进口　　B. 出口

C. 引进技术　　D. 在国内与外商举办合资、合作企业

19. 下列哪一项不属于我国中小企业发展目前存在的问题(　　)。

A. 政府支持力度不够　　B. 市场准入壁垒的存在

C. 税费负担过重　　D. 传统思想观念对中小企业的认识问题

20. 转变政府职能首先要转变什么(　　)。

A. 政府对经济的直接干预　　B. 提供公共产品的职能

C. 管理方式　　D. 多重角色定位

二、多项选择题（本大题共10小题，每小题2分，共20分。在每小题列出的五个备选项中至少有两个是符合题目要求的，请将其代码填写在题后的括号内。错选、多选或未选均无分。）

21. 下列哪些选项属于企业战略管理的特点(　　)。

A. 权威性　　B. 稳定性

C. 长期性　　D. 整体性

E. 环境适应性

22. 主动型创业者是指那些积极主动、自愿从事创业行为的人，又可以分为(　　)。

A. 盲动型创业者　　B. 远见型创业者

C. 冷静型创业者　　D. 变相型创业者

E. 生存型创业者

23. 内部股票与股份公司股票的区别在于(　　)。

A. 可以流通上市

B. 可以随时与企业兑换现金

C. 是企业向员工借款的凭证

D. 不能流通上市　　E. 通常有一定期限

24. 对人力资源管理的众多问题进行了广泛的研究，将人事管理理论和实践推进到一个全新的发展阶段——人力资源管理阶段的人物有(　　)。

A. 德鲁克　　B. 巴克　　C. 斯密　　D. 迈勒斯

E. 熊彼特

25. 战略环境的内部条件包括(　　)。

A. 技术进步速度　　B. 组织运行机制

C. 企业的竞争压力　　D. 企业自身的经济实力

E. 在同业中所处的地位

26. 以4Ps为核心的营销组合方法包括(　　)。

A. 产品策略　　B. 分销策略

C. 定价策略　　D. 促销策略

E. 政治策略

27. 中小企业的信息化建设总体要求（　　）。

A. 投资大　　　　B. 准而精

C. 见效快　　　　D. 风险小 E. 投资少

28. 企业要健康和持续发展需要两种纽带，分别为（　　）。

A. 物质、利益、产权的纽带

B. 文化、精神、道德的纽带

C. 物质、权力、关系的纽带

D. 文化、素养、精神的纽带

E. 权力、素养、关系的纽带

29. 企业走向世界的过程一般包括哪两个方面（　　）。

A. 企业战略的国际化　　　　B. 企业自身的国际化

C. 企业品牌的国际化　　　　D. 企业资源的国际化

E. 企业经营的国际化

30. 《中小企业促进法》以立法的形式确立了中小企业在国民经济中的法律地位，明确了从以下哪几个方面改善中小企业的经营环境（　　）。

A. 加大资金支持　　　　B. 推进技术创新

C. 提供创业扶持，促进科技成果产业化

D. 大力开拓市场　　　　E. 发展社会服务

三、名词解释题（本大题共 3 小题，每小题 3 分，共 9 分）

31. 企业战略管理

32. 技术引进战略

33. 企业文化

四、简答题（本大题共 5 小题，每小题 5 分，共 25 分）

34. 常用的市场调研方法有哪些？

35. 简述中小企业融资困境的外部成因。

36. 简述企业人力资源有效合理配置的原则。

37. 简述生命周期曲线的特点。

38. 简述美国、日本等国家的中小企业政府支持体系具有的共同特征。

五、案例分析题（本题 10 分）

39. 杭州 A 物流公司是一家专业的物流服务商，也是较早进行信息化建设的物流企业。在信息化建设之前，公司的高层需要了解货物流的动态信息和公司的运作情况，只能依靠网点把数据打包传到公司，不仅传输速度慢，效率也比较低。2014 年，公司高层决定开展信息化建设，创建移动办公组网业务，通过 3 个月的试用之后，组网业务解决了公司信息实时共享的难题，实现了公司与其下各网点的物流系统的互联，还解决了公司与省内外各分支机构数据的同步传输，构建了全公司统一的信息化平台，大大提高了公司的工作效率。

问题：(1) 中小企业信息化建设的意义有哪些？

（2）结合案例，分析信息化建设过程中应注意的问题。

六、论述题（本大题共 2 小题，每小题 8 分，共 16 分）

40. 试述技术研发战略方案的实施步骤。

41. 论述全球战略的优势和风险。

全真模拟演练（四）参考答案及解析

一、单项选择题（本大题共 20 小题，每小题 1 分，共 20 分）

1. D　2. B　3. A　4. D　5. B
6. A　7. D　8. B　9. D　10. D
11. B　12. A　13. D　14. D　15. A
16. B　17. A　18. B　19. A　20. D

二、多项选择题（本大题共 10 小题，每小题 2 分，共 20 分）

21. ACDE　22. AC　23. CDE　24. BD　25. BDE
26. ABCD　27. BCDE　28. AB　29. BE　30. ABCDE

三、名词解释题（本大题共 3 小题，每小题 3 分，共 9 分）

31. 是使企业能够达到其战略目标的动态管理过程，是一门跨功能决策的艺术与科学，它是对企业战略的设计、选择、控制和实施，直至达到企业战略总目标的全过程。(3 分)

32. 是指企业自身不进行技术研发的实质性工作，而是通过其他企业或科研机构引进技术并消化吸收这些技术，从而在一个高的起点上提高本企业技术水准的途径。(3 分)

33. 就是指企业全体员工在企业运行过程中所培育形成的、与企业组织行为相关联的、事实上成为全体员工主流意识而被共同遵守的最高目标、价值体系、基本信念及企业组织行为规范的总和。(3 分)

四、简答题（本大题共 5 小题，每小题 5 分，共 25 分）

34. (1) 电话访问法；(2) 入户访问法；(1 分)(3) 拦截访问法；(1 分)(4) 小组(焦点) 座谈法；(1 分)(5) 深度访谈法；(1 分)(6) 投影技法。(1 分)

35. 从政策层面上来看，我国尚未形成完整的扶持中小企业政策发展的政策体系；(1 分) 多层次的资本市场体系尚不健全；(1 分) 缺乏完善的信用担保机制；(1 分) 法律法规与管理机构不健全，缺乏政策支持；(1 分) 各地区广泛存在非正规金融的抑制效应。(1 分)

36. (1) 能级对应原则；(1 分)(2) 优势定位原则；(1 分)(3) 动态调节原则；(1 分)(4) 内部为主原则。(1 分)

37. (1) 在产品开发期间该产品销售额为零，公司投资不断增加；(1 分)(2) 在引进期，销售缓慢，初期通常利润偏低或为负数；(1 分)(3) 在成长期销售快速增长，利润也显著增加；(1 分)(4) 在成熟期利润在达到顶点后逐渐走下坡路；(1 分)(5) 在衰退期间产品销售量显著衰退，利润也大幅度滑落。(1 分)

38.（1）最明显的特征是上述国家都具有完善的法律支持体系，为中小企业的发展提供了一个良好的法律环境。（1分）（2）这些国家都注重中小企业的技术创新，通过制定相关政策，以扶持相关服务机构的发展。（1分）（3）注重政府在管理过程的角色定位。（4）政府提供资金支持。（1分）（1分）（5）通过政府的作用整合各种社会资源以全方位促进服务机构的发展也是一大措施。（6）通过具体的行动计划来实现支持中小企业发展的阶段性或战略性目标。（1分）

五、案例分析题（本题10分）

39.（1）答案要点：A公司信息化的成功经历表明中小企业信息化意义重大。具体表现为：①企业信息化是提高企业竞争力的需要；（1分）②信息化是企业实现精细化管理的途径；（1分）③信息化是满足客户个性化需求的保证；（1分）④信息化有助于企业适应国际化市场。（1分）

（2）答案要点：在信息化建设中，中小企业应注意：①详细地规划信息化战略；（1分）②有条理地实施信息化战略；（1分）③慎重地选择服务商；（1分）④确保资金使用的效用最大化；（1分）⑤有效运用互联网信息平台；⑥积极地进行企业流程重组。（2分）

六、论述题（本大题共2小题，每小题8分，共16分）

40.（1）将总体战略目标按照不同的部门和时间段进行层层分解，制定相应的分目；（1分）（2）根据分目标确定分步战略和行动计划；（1分）（3）根据战略要求合理分配所需的人力、物力和财力等资源；（1分）（4）加强高层管理者的领导，实行及时合理的激励，充分调动技术研发人员的积极性；（2分）（5）根据新的情况和信息回馈，对研发活动进行及时适当的控制，以保证技术研发战略的顺利实施。（2分）

41.（1）全球战略的优势：①公司高层在很大程度上集中控制着公司的战略规划；（1分）②标准化导致规模经济和低成本；（1分）③在全球范围内创造统一的质量标准。（2分）（2）全球战略的风险：①单一区位可能导致较高的关税和运输成本；（1分）②活动集中化可能增加对单一设备的依赖；（1分）③适应当地市场的能力有限。（2分）

全真模拟演练（五）

（考试时间150分钟）

总分		题号	一	二	三	四	五	六
核分人		得分	20	20	9	25	10	16
复查人		得分						

一、单项选择题（本大题共20小题，每小题1分，共20分。在每小题列出的四个备选项中只有一个是符合题目要求的，请将其代码填写在题后的括号内。错选、多选或未选均无分。）

1. 企业战略管理的特点不包括（　　）。
A. 整体性　B. 长期性　C. 稳定性　D. 权威性

2. 将战略执行过程中实际取得的成果与预期的战略目标进行比较，评价达标程度，分析其原因，及时采取有力措施纠正偏差，以保证战略目标的实现，是指（　　）。
A. 战略控制　B. 战略实施
C. 战略选择　D. 战略调整

3. 在所有创业者类型中，一般而言成功概率最高的是（　　）。
A. 生存型创业者　B. 变现型创业者
C. 盲动型创业者　D. 冷静型创业者

4. 在企业的众多组织形式中，法律要求最高的是（　　）。
A. 个人独资企业　B. 合伙企业
C. 有限责任公司　D. 股份有限公司

5. 间接融资最典型的方式是（　　）。
A. 向银行等金融机构借款　B. 兼并融资
C. 引进外资融资　D. 民间融资

6. 企业市场规模效应出现，竞争优势明显，企业内部融资足以满足少量的投资需求，经营风险较小，这些特征体现了企业生命周期哪个阶段（　　）。
A. 创立期　B. 成长期　C. 成熟期　D. 衰退期

7. 人力资源管理规划的范围是（　　）。
A. 战术层次的总体规划和战略层次的分规划
B. 战略层次的总体规划和战术层次的分规划
C. 战略层次的总体规划和分规划

D. 战术层次的总体规划和分规划

8. 以下哪个属于外部招聘的优点(　　)。

A. 增强企业的凝聚力　　B. 为企业树立良好的形象

C. 改善企业的人员配置　　D. 提高企业的社会知名度

9. 关于企业制定技术研发战略，下列描述不正确的是(　　)。

A. 企业存在普遍使用的技术研发战略

B. 企业技术研发战略应是有目的性和针对性的

C. 企业技术研发战略的制定应考虑企业的战略目标

D. 企业情况千差万别，但技术研发战略设计有共同的特性和内容

10. 德国西门子公司之所以能在国际上取得领先位置，是因为它采取了(　　)。

A. 领先型技术研发战略　　B. 跟随型技术研发战略

C. 模仿型技术研发战略　　D. 集成型技术研发战略

11. 消费者最喜欢高质量、多功能和具有某种特色的产品，企业应致力于生产高值产品并不断加以改进，是指(　　)。

A. 产品观念　　B. 推销观念　　C. 生产观念　　D. 推销观念

12. 下列哪一种市场营销观念表现为“顾客需要什么，就生产什么”(　　)。

A. 产品观念　　B. 推销观念

C. 市场营销观念　　D. 社会市场营销

13. 下列哪一选项不属于信息产业基础(　　)。

A. 信息装备制造　　B. 信息制度建设

C. 信息咨询服务　　D. 信息科学技术研究

14. 在中小企业信息化战略制定中，企业信息化规划的依据是(　　)。

A. 组织调整　　B. 环境分析

C. 产品选择　　D. 信息传递

15. 以下哪个层次的企业文化是通过员工的行为规范和群体意识所体现出来的(　　)。

A. 企业的物质文化　　B. 企业的行为文化

C. 企业的精神文化　　D. 企业的制度文化

16. “企业在一定的时空条件下产生、生存与发展，企业的现象本身就是当时社会政治、经济、文化的折射”，这反映了企业文化的什么性质(　　)。

A. 历史性　　B. 人本性　　C. 动态性　　D. 复杂性

17. 下列哪一项不属于传统企业国际化理论(　　)。

A. 产品生命周期理论　　B. 小规模技术理论

C. 国际折中理论　　D. 内部化理论

18. 设立海外分支机构，企业参与国际营销活动，属于国际化过程中(　　)。

A. 第一阶段　　B. 第二阶段　　C. 第三阶段　　D. 第四阶段

19. 下列哪一项是美国经济最具活力、创新力的部分(　　)。

A. 中小企业　　B. 国有企业

C. 科技型企业　　D. 劳动密集型企业

20. 美国中小企业融资的主要方式不包括（　　）。

A. 美国中小企业署融资管道　　B. 民间借贷

C. 上市融资　　D. 商业银行融资

二、多项选择题（本大题共10小题，每小题2分，共20分。在每小题列出的五个备选项中至少有两个是符合题目要求的，请将其代码填写在题后的括号内。错选、多选或未选均无分。）

21. 我国新的中小企业分类标准主要呈现出下列哪些特点（　　）。

A. 分类体系不断完善

B. 行业范围大幅缩小

C. 界定标准大量简化

D. 使用经典的传统计量标准

E. 主体角色转变，行政色彩削减

22. 戴卫·格耶瓦里博士和丹尼尔·弗葛尔认为创业活动的要素包括（　　）。

A. 创业机会　　B. 创业意愿　　C. 创业条件　　D. 创业技能

E. 创业时间

23. 我国中小企业直接融资方式主要包括（　　）。

A. 股票债券融资　　B. 租赁融资

C. 兼并融资　　D. 引进外资融资

E. 民间融资

24. 人力资源管理包括（　　）。

A. 人员招聘与配置　　B. 专业管理

C. 薪酬管理　　D. 人力资源规划

E. 培训与引导

25. 制定企业技术研发战略的前提是（　　）。

A. 条件分析　　B. 企业外部环境

C. 企业财务清算　　D. 企业资产评估

E. 企业内部环境

26. 一个完整意义上的市场应包括哪些因素（　　）。

A. 需求　　B. 人口　　C. 供给　　D. 购买力

E. 购买欲望

27. 信息网络体系的内容包括（　　）。

A. 信息资源　　B. 信息系统

C. 规章制度　　D. 管理体制

E. 公用通信网络平台

28. 企业文化通常包括以下哪几个层次的内容（　　）。

A. 企业的物质文化　　B. 企业的行为文化

C. 企业的组织文化　　D. 企业的精神文化

E. 企业的制度文化

29. 当前企业国际化的特点主要表现为(　　)。
A. 专业化程度提高　　B. 积极完善研发创新机制
C. 不断加强信息化建设　　D. 多元化的产权主体
E. 规模经营和品牌经营同步突破

30. 政府对中小企业管理职能的转变方向包括(　　)。
A. 宏观调控　　B. 金融监管　　C. 经济调节　　D. 市场监管
E. 公共服务

三、名词解释题（本大题共 3 小题，每小题 3 分，共 9 分）

31. 外源融资
32. 客户观念
33. 混合品牌战略

四、简答题（本大题共 5 小题，每小题 5 分，共 25 分）

34. 创业环境包括哪些要素？
35. 试简述技术研发战略的意义。
36. 简述营销组合调整策略的具体措施。
37. 如何加强中小企业文化建设？
38. 简述我国中小企业发展存在的问题。

五、案例分析题（本题 10 分）

39. 乐风纸制品有限公司是一家中型的民营企业，企业员工将近 100 人。为了规范化企业管理，企业老总和人力资源管理负责人决定进行组织结构设计。从岗位分析着手，投入大量资金和时间，制定出一套完整的人力资源管理制度。在各个部门的积极配合下，工作岗位说明制作完成，但是该说明仅仅局限于当前的工作内容和工作职责。三个月过后，因为市场环境变化，导致原来的工作说明文档不适用了。另外，在岗位分析任务完成之后，公司没有进行相应的人力资源管理模块的重新设置和优化。依然按照原来的制度进行人力资源管理，结果，当所有的岗位分析工作完成后，最终的结果就是一堆文档，至于岗位分析的工作又让老总感到困惑，怀疑岗位分析是不是多此一举，浪费资源。

问题：(1) 结合案例，分析 A 公司的岗位分析为什么会无效？

(2) 规避这种工作浪费的方法有哪些？

六、论述题（本大题共 2 小题，每小题 8 分，共 16 分）

40. 试述企业规划的主要目的和步骤。
41. 试述中小企业信息化战略制定步骤。

全真模拟演练（五）参考答案及解析

一、单项选择题（本大题共20小题，每小题1分，共20分）

1. C　2. A　3. D　4. D　5. A
6. C　7. B　8. B　9. A　10. A
11. A　12. C　13. B　14. B　15. B
16. A　17. B　18. C　19. A　20. B

二、多项选择题（本大题共10小题，每小题2分，共20分）

21. BCE　22. ABD　23. ABCDE　24. ACD　25. ABE
26. BDE　27. ABE　28. ABDE　29. ABCDE　30. ABCDE

三、名词解释题（本大题共3小题，每小题3分，共9分）

31. 是指企业吸收其他经济主体的闲置资金以满足自身资金需求的融资方式。(3分)

32. 是指企业注重搜集每一个客户以往的信息，由此确认的不同客户终生价值，分别为每个客户提供各自不同的产品或服务，传播不同的信息，通过提高客户忠诚度，增加每一个客户的购买量，从而确保企业的利润增长。(3分)

33. 是将OEM品牌战略和自有品牌战略结合起来，在一部分产品上使用自有品牌，一部分产品上使用OEM品牌。(3分)

四、简答题（本大题共5小题，每小题5分，共25分）

34. (1) 政府政策与工作程序；(1分) (2) 社会经济条件；(1分) (3) 创业与管理技能；(1分) (4) 金融与非金融支持。(2分)

35. (1) 技术研发战略是企业整体战略的重要组成部分，(1分) (2) 技术研发战略是对付技术研发不确定性的重要手段，(1分) (3) 技术研发战略是影响企业长期竞争能力的重要因素，(1分) (4) 技术研发战略是企业技术研发活动的指南。(2分)

36. (1) 通过降低售价来加强竞争力；(1分) (2) 改变广告方式以引起消费者的兴趣；(1分) (3) 采用多种促销方式，如大型展销、附赠礼品等；(1分) (4) 扩展销售管道，改进服务方式或者货款结算方式等。(2分)

37. (1) 提高企业领导的者素质，建立重视企业文化建设的观念。(1分) (2) 管理层正确引导，职工积极参与。(3) 注重将企业文化与企业内部制度管理相融合。(1分) (4) 通过绩效管理加深员工对企业文化的认识。(1分) (5) 根据企业发展实际情况，确定企业文化建设与再造的层次。(1分) (6) 以适合本企业的方法传播企业文化。(1分)

38. (1) 传统的思想观念对中小企业的认识问题。(1分) (2) 市场准入壁垒的存在。(1分) (3) 税费负担过重的问题。(1分) (4) 中小企业的优惠政策尚待完善的问题。(2分)

五、案例分析题（本题10分）

39.（1）答案要点：岗位分析的失误根源在于企业战略没有真正落实在岗位分析的过程中。（1分）第一，该公司之所以会出现这样的情况，从表面上看是因为岗位分析的结果落伍于市场的变化，已经不适用。（1分）但实质上是因为岗位分析的导向只是目前的工作岗位的说明，没有考虑到将来岗位的要求和职责。（1分）第二，本案例岗位分析的另一不足是，当完成岗位分析任务之后，公司没有成趁热打铁，进行相应的人力资源管理模块的重新设置和优化，让岗位分析的效果很难显现。（3分）

（2）答案要点：规避工作浪费的做法有以下几种。第一，在岗位分析的初期，必须对企业的战略做短期和长期的定位；（1分）第二，岗位说明书是一个动态的管理过程，会随着组织结构调整而改变，会随着产品、工艺、设备的改变而改变；（1分）第三，企业人力资源管理人员应不断根据企业战略目标来修订，从而达到人力资源的优化管理。（2分）

六、论述题（本大题共2小题，每小题8分，共16分）

40. 企业进行战略规划主要目的：（1）剖析企业外部环境；（1分）（2）了解企业内部优势和劣势；（1分）（3）帮助企业迎接未来的挑战；（1分）（4）提供企业未来明确的目标及方向；（1分）（5）使企业每个成员明白企业的目标。（1分）

制定公司战略规划的步骤如下：（1）战略环境的分析和预测。（1分）（2）制定目标。（3）确定战略执行过程中的重点。（1分）（4）制订行动计划和划分阶段。（5）制定实施战略的措施。（1分）

41.（1）战略环境的远景分析；……（1分）（2）信息化战略目标的确定；……（1分）（3）信息化建设内容与方案的确定；……（2分）（4）战略实施计划的制订；……（1分）（5）信息化项目的监督与维护；……（1分）（6）信息化战略与方案的调整；……（2分）

全真模拟演练（六）

（考试时间 150 分钟）

总分		题号	一	二	三	四	五	六
核分人		得分	20	20	9	25	10	16
复查人		得分						

一、单项选择题（本大题共 20 小题，每小题 1 分，共 20 分。在每小题列出的四个备选项中只有一个是符合题目要求的，请将其代码填写在题后的括号内。错选、多选或未选均无分。）

1. 1978 年发布的将企业规模的划分标准改为“年综合生产能力”的法令是(　　)。

A.《大中小型工业企业划分标准》

B.《中华人民共和国小企业促进法》

C.《国营企业第二步利改税试行办法》

D.《关于基本建设项目的大中型企业划分标准的规定》

2. 在公司层管理者中，下列哪一项是综合管理者的核心(　　)。

A. CEO　　B. 董事会　　C. 职能经理　　D. 公司层职员

3. 效率高，但是无论如何控制样本及调查的质量，收集的数据都无法证明对总体有很好的代表性，该特征属于以下哪种市场调研方法(　　)。

A. 电话访问法　　B. 入户访问法

C. 拦截访问法　　D. 深度访谈法

4. 根据《个人独资企业法》规定，能作为个人独资企业投资人的有(　　)。

A. 法官　　B. 退役军人　　C. 检察官　　D. 警察

5. 各方面资金需求较大，较少的经营现金流入很难满足大量的资金缺口，选择筹资渠道及方式成为企业财务管理的重点，体现的是哪个阶段的企业生命周期(　　)。

A. 创立期　　B. 成长期　　C. 成熟期　　D. 衰退期

6. 中小企业主要融资渠道是(　　)。

A. 外源性融资　　B. 留利融资

C. 沉淀融资　　D. 内源性融资

7. 内部招聘的特点不包括(　　)。

A. 适应较快　　B. 有利创新

C. 制造矛盾　　D. 节约经费

8. 按窄口径的界定，薪酬等同于(　　)。
A. 报酬　　B. 工资和福利
C. 货币型薪资　　D. 实物性薪资
9. 企业本身并不从事技术的研发活动，而是依靠从企业外部购买或破解研发者的先进技术进行模仿以使自身的技术水准得以提高，是指(　　)。
A. 领先型技术研发战略　　B. 模仿型技术研发战略
C. 跟随型技术研发战略　　D. 集成型技术研发战略
10. 下列哪一战略是我国大多数企业的现实选择(　　)。
A. 领先型技术研发战略　　B. 模仿型技术研发战略
C. 跟随型技术研发战略　　D. 集成型技术研发战略
11. 下列哪一种市场营销观念表现为“我卖什么，顾客就买什么”(　　)。
A. 产品观念　　B. 推销观念
C. 客户观念　　D. 市场观念
12. “4Ps”理论是指(　　)。
A. 产品、价格、渠道、促销
B. 产品、价格、促销、生产
C. 产品、价格、渠道、生产
D. 产品、价格、促销、包装
13. 设计信息化具体表现为(　　)。
A. 产品设计数字化和过程设计数字化
B. 产品设计自动化和过程设计自动化
C. 流程设计数字化和过程设计数字化
D. 流程设计自动化和过程设计自动化
14. 运用于服务业，或者企业的销售和营销等要迎合客户需求的部门，是指(　　)。
A. 关系模型　　B. 市场型模式
C. 服务型模式　　D. 效率型模式
15. 企业文化既是一个有机整体系统，又是一个严密有序的有机结合体，这反映了企业文化的哪一种性质(　　)。
A. 复杂性　　B. 人本性　　C. 动态性　　D. 有机性
16. 下列属于美国企业文化特点的是(　　)。
A. 人本管理　　B. 个人主义
C. 团队精神　　D. 避实就虚
17. 中小企业对外投资时，在区位选择上应采取什么战略(　　)。
A. 逐步推进战略　　B. 渐进发展战略
C. 一步到位战略　　D. 跨越发展战略
18. 下列哪项战略比较适合中小企业国际化的早期阶段(　　)。
A. OEM 品牌战略　　B. 混合品牌战略
C. 地域集群战略　　D. 跟随战略
19. 美国政府陆续颁布了出口、投资奖励等法律，这体现了美国政府对中小企业哪一方面的支持(　　)。

A. 法律支持　　B. 融资支持

C. 中介服务体系支持　　D. 进出口支持

20. 美国信用体系管理的法律框架是以哪一部法律为核心的(　　)。

A.《中小企业法》　　B.《机会均等法》

C.《公平信用报告法》　　D.《公平信用法》

二、多项选择题（本大题共 10 小题，每小题 2 分，共 20 分。在每小题列出的五个备选项中至少有两个是符合题目要求的，请将其代码填写在题后的括号内。错选、多选或未选均无分。）

21. 战略管理的过程主要包括(　　)。

A. 战略分析　　B. 战略制定

C. 战略选择　　D. 战略实施

E. 战略评价和调整

22. 创业者与行业相关的资源应该包括(　　)。

A. 资源优势　B. 成本优势　C. 技术优势　D. 市场优势

E. 相应的行业人脉优势

23. 影响企业融资方式选择的主要外部因素有(　　)。

A. 法律环境　B. 政治环境　C. 宏观环境　D. 金融环境

E. 经济环境

24. 人力资源配置的形式包括哪些内容(　　)。

A. 移动配置型　　B. 双向选择型

C. 流动配置型　　D. 人岗关系型

E. 调整配置型

25. 长期战略目标的特点是(　　)。

A. 较明晰　B. 长时间　C. 较稳定

D. 系统性　　E. 前瞻性

26. 中小企业营销战略思路包括(　　)。

A. “销”　B. “借”　C. “仿”　D. “联”

E. “避”

27. 制造业一般采用下列哪些模式的结合提升其竞争力(　　)。

A. 关系模式　　B. 设计型模式

C. 市场型模式　　D. 效率型模式

E. 服务型模式

28. 创业期的企业文化主要是下列哪几种文化的积累(　　)。

A. 物质文化　B. 精神文化　C. 制度文化　D. 理论文化

E. 地域文化

29. “知识经济—竞争力”理论中，企业国际化的步骤有哪些(　　)。

A. 动机和战略规划

B. 市场调研和选择
C. 进入模式选择
D. 对意外和困难的规划
E. 补充的战略

30. 政府经济管理职能转变要集中解决“三位”问题，这“三位”分别指什么（　　）。

A. “越位”　　B. “让位”
C. “缺位”　　D. “错位”
E. “借位”

三、名词解释题（本大题共 3 小题，每小题 3 分，共 9 分）

31. 组织分析
32. 依附型中小企业
33. 产品信息化

四、简答题（本大题共 5 小题，每小题 5 分，共 25 分）

34. 试简述战略指导思想的主要内容。
35. 试简述战略性薪酬管理的意义。
36. 试简述制定研发战略的基本步骤。
37. 简述推动中小企业文化科学系统构建需要遵循哪些原则。
38. 简述国际战略的优势和劣势。

五、案例分析题（本题 10 分）

39. 目前，中小企业融资难的现象普遍存在。广州市某食品公司，主要生产某类高端食品，企业营业收入将近千万，发展前景良好，2013 年开始建设现代化生产基地，因兴建需要投入资金量大，导致企业运营流动资金不足，资金缺口约 500 万元。企业跑了多家银行，也与外资银行进行过接触，因没有土地权证，不能给银行提供法定的抵押物，尽管有良好的现金流，仍然没有获得银行贷款。中山某电器公司，生产电风扇，年销售额 6000 多万元，最近扩大再生产，向多家国有银行申请贷款融资，因在国内银行没有好的现金流量和信用记录，该企业始终无法获得银行贷款，同时由于我国对股票融资渠道制定了严格的准入条件，中小企业因净资产规模、信用等级、融资额度不达标，资产评估、信息披露费用昂贵等因素的影响，股权融资不能有效地发挥作用。

问题：(1) 该案例说明中小企业在融资时面临什么问题？

(2) 中小企业选择融资方式的原则有哪些？

六、论述题（本大题共 2 小题，每小题 8 分，共 16 分）

40. 试论述如何培育创业精神。
41. 试述典型的产品生命周期及其特点。

全真模拟演练（六）参考答案及解析

一、单项选择题（本大题共 20 小题，每小题 1 分，共 20 分）

1. D	2. A	3. C	4. B	5. A
6. D	7. B	8. C	9. B	10. B
11. B	12. A	13. A	14. C	15. D
16. B	17. A	18. B	19. A	20. C

二、多项选择题（本大题共 10 小题，每小题 2 分，共 20 分）

21. ACDE	22. CDE	23. ADE	24. ACD	25. BCE
26. BDE	27. BD	28. AC	29. ABCDE	30. ACD

三、名词解释题（本大题共 3 小题，每小题 3 分，共 9 分）

31. 是要在企业的经营战略下，决定相应的培训，并为其提供可利用的资源及管理以及企业对培训活动的支持。(3 分)

32. 是指那些具有一定的吸引力，作为大型企业上下游的辅助企业而存在，通过与大型企业长期稳定的合作而获得稳定回报的中小企业。(3 分)

33. 是信息化的基础，一方面是指产品所含各类信息比重日益增大、物质比重日益降低，产品日益由物质产品的特征向信息产品的特征迈进；另一方面也表明越来越多的产品中嵌入了智能化元器件，使产品具有越来越强的信息处理功能。(3 分)

四、简答题（本大题共 5 小题，每小题 5 分，共 25 分）

34. (1) 市场导向，需求驱动，尽力满足社会需求。(1 分) (2) 依靠品种、质量、成本取胜。(1 分) (3) 实现系统整体优化。(4) 善于竞争，优胜劣汰。(1 分) (5) 长远观点，放眼未来。(1 分) (6) 以人为本，依靠全体职工。(1 分)

35. (1) 战略性薪酬管理是企业应对外部环境变化的需要；(1 分) (2) 战略性薪酬管理是企业适应深化改革的需要；(2 分) (3) 战略性薪酬管理是企业加强科学管理的需要。(2 分)

36. (1) 分析企业外部环境和内部条件确定技术研发战略目标。(2 分) (2) 拟定技术研发战略方案。(2 分) (3) 实施技术研发战略方案。(1 分)

37. (1) 文化建设导入上要有目的性；(1 分) (2) 文化建设规划上要有渐进性；(1 分) (3) 文化建设内容上要有针对性；(1 分) (4) 文化建设要求上要有层次性；(1 分) (5) 文化建设方式上要有可操作性。(1 分)

38. (1) 国际战略的优势：采用这种战略，可以把差别化的产品转移到海外市场，(1 分) 可以利用企业在母国的专利优势技术与技术研发和创新能力在全球范围内进行技术扩散和适应性调整。(2 分) (2) 国际战略的劣势：国际战略要求企业在国外各个生产

基地都建设投入生产建设，(1分) 形成重复成本，加大经营成本。(1分)

五、案例分析题（本题10分）

39. (1) 答案要点：企业融资面临的问题有以下几点。中小企业间接借款难度大；(2分) 中小企业通过股权融资的门槛高，(2分) 中小企业融资渠道窄。(1分)

(2) 答案要点：选择融资方式的原则有以下几点。遵循先“内部融资”后“外部融资”的原则；(2分) 结合企业内外部情况，选择合适的融资方式；(3分) 其他合理解释。(3分)

六、论述题（本大题共2小题，每小题8分，共16分）

40. (1) 转变传统观念；(2分) (2) 建立和完善创业教育体系；(2分) (3) 提供创业财税优惠，加强我国中小企业孵卵机制建设；(2分) (4) 充分发挥中介组织作用。(2分)

41. 典型的产品生命周期一般可以分成四个阶段，即介绍期（或引入期）、成长期、成熟期和衰退期。(1) 介绍期（或引入期），产品从设计投产直到投入市场进入测试阶段；…… (2分) (2) 成长期，产品通过试销效果良好，购买者逐渐接受该产品，产品在市场上站住脚并且打开了销路；…… (2分) (3) 成熟期，产品走入大批量生产并稳定地进入市场销售；…… (2分) (4) 衰退期，产品进入淘汰阶段；…… (2分)